代々木忠

人生を変えるセックス

愛と性の相談室

GS
幻冬舎新書
684

まえがき

本書はセックスにまつわるさまざまな悩みや疑問に対して、1件ずつ回答を記したものです。「人生相談のセックス版」といった格好ですが、そこに書いた内容は何らかの形で残しておかなければと、かねてから僕自身が思っていたことでもあります。

作りものではない性を撮りたい——そんな思いで、2021年に引退するまでの40年間、AV監督をやってきました。作りものではないとは、ドラマのような脚色もなければ、女優の演技もないということです。

約600本の僕の作品には、すでに名のあるAV女優はわずかしか出演していません。多くは学生やOL、主婦といった一般の女性たちです。もちろん台本や絵コンテもなく、撮影現場で何が起きるのか、撮ってみなければ僕にもわからないのです。

ビデオを始めた40年前は、女性がオナニーしているなんて所詮、男の幻想ではないのかと思われていた時代でした。女性はオナニーのとき何をイメージし、どんな格好でどうやってするのか覗いてみたかった僕は、手ぶらで撮影現場に座りこみ、「こんなことを言ったらバカにされるんじゃないか、人格を疑われるんじゃないか」といったことも気にせず「監督としてではなく、1人のスケベな中年男の俺がどうしても見たいんだ」と正直にお願いしました。

最初は嫌がっていたバイブを女性が自分の手でつかみ、胸にあて、クリトリスに押しつけ、挿入してイクまで、延々とインタビューを続けました。その間、僕のペニスは勃起し、先端は濡れていました。

その後の何年かは「どうしたらセックスでイケるのか」を、この目で確かめるために作品を撮っていたようなものです。とはいえ、撮影が始まってしまえば起きることを記録するだけです。

僕が重視したのは撮影前の監督面接でした。1回にかける時間は最低でも2時間、長いときには6時間以上。ここでも監督としてではなく、ありのままの自分で女性と向き合い、本音で話をしました。その場で信頼関係を築けるかどうかが、のちのちのセックスに大きな影響を与えるとわかったからです。

本文で詳しく述べますが、セックスでオーガズムを体験する方法は、じつはとてもシンプルです。シンプルなんだけれど、なかなか難しい。なぜ難しいのかと言えば、その人がそれまでに身につけた常識や、セックスへの思い込みが邪魔をするからです。セックスに関するテクニックの類は、昔であれば本や雑誌、今ならネットにそれこそ数え切れないほど書かれています。すべてに目を通したわけではありませんが、その多くは書き手の限られた体験をもとに、頭の中で作り上げられた方法論のように思えます。

生身の女はそんなことじゃあイカないし、男がテクニックに走れば走るほど、逆にセックスからはどんどんかけ離れていくのを見てきました。

本書ではセックスはもとより、セックスに至る前の恋愛や、結婚後の相談についても取り上げています。収録した相談項目は広く一般の女性から募り、寄せられたものの中から選びました。さらには、男女を問わず誤った方法論が多いものも加えてあります。

自分には関係ないと思える相談も含めて、最初から順に読んでいただけたならば、理解がいっそう深まる構成になっています。

人生を変えるセックス　愛と性の相談室／目次

第三章 いいセックスをするために…… 71

第四章　セックスしても悩みがいっぱい！ 129

第五章　まだまだ尽きない性の悩み

DTP　美創

第一章 私を待っている人が必ずいる！

いいなと思う人に出会う機会がありません。どうしたら会えるでしょうか？

A ヨヨチューからの回答

いい人になかなか出会えないと思ってる人はたくさんいます。でも、じつは会っているかもしれないんです。たまたまスクランブル交差点で擦れ違っていたかもしれないという話じゃなくて、会話をしたり、一緒に食事をしたり、場合によってはセックスだってしているかもしれない。ただ、その人のことを好きにはならなかったというだけで……。

ちょっと極端な例をお話しすると、かつて豊丸（とよまる）という女の子がいました。ハードなプレイが売りもので、淫乱女優として一躍有名になった。名のある女優をあまり撮らない僕が彼女の引退作を撮ることになったんです。

撮影の日の朝、「今までビデオでいろいろ頑張ってきたけど、実際はどうだったの?」って訊いたら「怖かった」と言う。

それまで映像の中で、彼女は貪欲になんでも求めているように見えました。でもメーカーや制作会社の要求がどんどんエスカレートしていくにつれて「きょうは何をさせられるんだろう」と実際は怯えていたんです。僕から見ても、アソコに大根を入れたり、手首を突っ込んだりするのは、とてもじゃないがセックスとは言えません。

その日、僕は男優に「過激なプレイはいっさい要らない。感情が伝わるセックスに徹してくれ!」と言いました。たとえ撮影現場であっても、最後に彼女が男とやさしさを与え合うようなセックスができればいいなぁと思いつつ……。

引退後、彼女はクラブを出しました。あの豊丸が、ということで当時お店にはタレントや俳優など有名人もたくさん訪れたそうです。彼女はお客として来ていた一般の人と結婚し、子どもを４人産んだと聞いています。
あの作品に出たからそうなったというわけではないけれど、少なくともそれまでの彼女に〝出会い〟はなかったのではないでしょうか。それは夜空を見上げて星を見ていないようなものです。出会っていても、向き合ってはいないのだから。

では、どうしたら出会えるのか？　好きな人ができれば、それは出会えたということですが、人を好きになるためには、まず自分を好きかどうかが重要だと思います。相手じゃなくて自分なんです。

豊丸に話を戻せば、いくら制作側の要求とはいえ、みんながみんなあそこまで過激なことをするわけじゃない。お金は確かに必要だけれど、ふつうは頼まれてもしないわけです。売れっ子になった彼女の体は悲鳴をあげていたかもしれない。にもかかわらず、カメラが回ればやってしまう自分を、どこかで彼女は否定していたんじゃないかと思うんです。

自分を否定しているのは、豊丸だけではありません。本当は自分のことを好きじゃない人たちが今は増えているように見えます。言ってみれば、それは自分が自分と戦っているようなものです。自分を好きじゃない人間は、誰かを好きにはなりません。だからまず心の武装を解き、嫌われていた自分に謝り、嫌っていた自分を許す。そうして初めて、愛する人と出会う準備が整うのではないかと思うのです。

女性にモテる方法を教えてください。

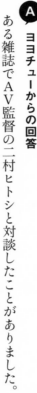

Ａ ヨヨチューからの回答

ある雑誌でＡＶ監督の二村ヒトシと対談したことがありました。初対面でしたが、対談を終えたあと、彼は僕の監督作品「ザ・面接」に男優として出演したいと言ってきました。聞けば「自分を変えてみたい」と言う。「1本だけじゃあ、なにもつかめないだろうから、最低でも5〜6本出るつもりならいいよ」と答えました。

「ザ・面接」はビデオに出たい女性を面接し、そのセックスを女性審査員たちが判定するシリーズですが、当時は〝瞬間恋愛〟をテーマにしていました。肉体の快感だけではなく、たとえ瞬間であっても目の前の相手を好きになる、そんなセックスが撮りたかったからです。ルールとしては、男優2人が女の子に自分をアピールし、彼女に選ばれたほうがセックスできるというもの。もちろんガチです。

これはベテランの男優にとっても、ずいぶん勝手が違います。他の作品ではセックスする相手はあらかじめ決められています。けれども瞬間恋愛では、選ばれなければ指を咥えて見ているだけ。しかも、6人の女性審査員が興味津々で見守っています。こうなると、選ばれないことに男は本気で傷つくものです。「どうせ撮影なんだから」と高をくくってはいられません。

さて、二村がどうなったかですが、手も足も出ませんでした。いいところで他の男優に女の子を奪われ、取り残された彼は自分でシゴきながら、終わった男優に場所をあけてくれるよう頼みました。こうしてやっと女の子の上に乗っかるものの、結局中折れしてしまう。

監督である彼は、これまで指図してきた男優たちと今回は同じ土俵でやらなきゃならない。男優たちの手前「見せ場を作らなきゃ」という意識が働いたのでしょう。要するにカッコをつけたんですね。その結果が女の子に対しての上から目線です。口数も多い。その中身は自己を正当化する理屈ですから、女の子にしたら「ダサ」って感じです。

中折れ後、他の男優たちがやるのを隅で眺めていた二村に「おい、そこで休んでる場合じゃないぞ！　新人が手抜きやってるよ」と僕は言いました。

審査員の1人にテクニシャンの熟女がいたんですが、彼女を二村に差し向けました。二村はあっと言う間に主導権を握られ、しかし今度は中折れすることなく、何が何だかわからないうちにイカされてしまいます。このときの二村には余裕というものがありませんでした。まったくの無防備で、素（す）が出てしまっている。

ところが、このカッコをつけない彼のひたむきさに、見ていた女性審査員たちは反応したんです。いいところで女の子を他の男優に取られ、せめて一矢報い（いっし）ようとチャンスを作りながらも中折れした二村。一生懸命やっているのに上手くいかないその一部始終を女性審査員たちは見ていました。

もしも途中で二村が落ち込み、拗ねていたら、誰も応援することはなかったでしょう。でも彼は拗ねなかった。たとえ失敗しても、そこでヘコんでしまうのではなく、前向きに何とかしようとしていました。もともと監督という肩書きを捨ててでも何かをつかみたいという思いが、最後まで彼を曲げさせなかったのかもしれません。

もっとも、その思いが前半ではことごとく裏目に出ました。カッコつけようとしたからカッコ悪い結果になり、その意識すらなくなったときにカッコよく見える。逆なんです。しかし、ついつい男はこの墓穴を掘ってしまいがちですよね。

女性にモテたければ、カッコをつけないことです。自分ではカッコいい男を演じているつもりでも、意識はそっちに向かうので、100パーセントで向き合ってくれてないことを女性はすぐに見抜くでしょう。しかも話の内容が自己正当化やひけらかしで、そのうえ上から目線だったりしたら、そんな男に誰が惚れますか？

「跂者不立」という言葉があります。「つまだつものはたたず」と読みます。「跂つ」とは「爪先立つ」のことで「自分をよく見せようと背伸びをし、爪先で立とうとすれば、かえって足元が定まらない」という意味です。等身大でいくしかないんですよ。「もしフラれたら……」とか、意識が先に行くことなく今ここにちゃんといて、自分の思いを態度や行動で表わす以外にいったい何ができるでしょう。

そして最も大切なのは、自分の思いどおりにならなくても、決して拗ねないことです。そんなあなたを見ている人が必ず現われますから……。

自分に自信がありません。こんな私でも恋愛できるでしょうか？

ヨヨチューからの回答

人は自分のことがわかっているようで、じつはよくわかっていません。自分に自信がないと思っている人は「私は○○だから」とその理由をあげることはできるでしょう。でも「○○」だと、なぜ恋愛ができないのかについてはどうでしょうか？

「○○なんて誰も好きになるはずがない」と答えるでしょうか。今は多様性の時代だと言われていますが、人の好みはもともと千差万別です。何百人、何千人から愛されたいのならいざ知らず、相手は1人でいいのでしょう？「○○だから恋愛できない」と考えてしまうのは、思考が作り出した幻影にすぎません。

さらに言えば、恋愛とは「する」ものではなく、自然と「起きる」もの。「恋愛したい」というのは思考です。思考ゆえに「恋愛したいけど、私は○○だから」と考える。不安なとき思考はネガティブなほうに向かいます。堂々めぐりのすえ、「やっぱりこんな私じゃ恋愛できない」というところに着地してしまうのではないでしょうか。自分対自分のネガティブ・トークをしていると、恋愛は起きません。

なぜなら恋愛の主役は「思考」ではなくて「感情」だからです。「なんでこの人を好きになったんだろう？」と思ったことはないですか？　論理的に説明できない。社会的な常識からも逸脱している。でも好きなのは間違いない。そりゃそうです。感情が主役なんだから、思考に説明できるわけがない。理屈じゃないんですね、恋愛は。

なのに、この相談者の方は「自分に自信がないから恋愛できないのでは」と悩んでいる。ここで言う自信とは、ほとんどが他者との比較から生じたものではないですか？　「私はあの人より○○」「みんなは□□なのに、私は○○」「私だけが○○」といった具合に。

その判断の基準は、いったいどこから来たのでしょうか？　社会から知らず知らずのうちに入れられた「刷り込み」が少なからずあるように思えてなりません。

考えることに使っている時間を、わずかでもいいので笑顔の時間に切り替えてみてください。最初はうまく笑顔になれなくても、口角を上げるだけでいいんです。笑顔は自分をポジティブにし、人を惹きつけます。1日1回、鏡を見て笑顔をつくる。そうすれば、半年後のあなたは別人になっているに違いありません。

「一度もつきあったことがありません。恋愛の仕方もわかりません。」

A ヨヨチューからの回答

ある人を好きになったとしましょう。当然その人のことが気になりますよね。態度や素ぶりから「ひょっとしたら向こうも好意を持ってくれてるかも」と感じたとします。だから、ますます好きになる。

けれども一方で、好意を持ってくれてるというのは「自分の思い込みじゃあないのか？」と不安にもなってくる。それを確かめようと、まわりの人間に「今つきあってる人がいるのかな？」とそれとなく訊いてみたとします。好きになった人が同じ学校や会社や友人たちの輪の中にいる場合、「フラれたらあとあとやりにくくなるし、みんなに知られたら……」と思っています。

恋愛の主役は「感情」だと前項で書きましたが、この仮定の話の中でどこまでが「感情」で、どこからが「思考」だと思われますか？

ある人を好きになったのは、もちろん「感情」です。態度から「好意を持ってくれてるかも」というのも、ますます好きになるのも、同じく「感情」です。ところが、それ以降の「自分の思い込みじゃあないのか？」「今つきあってる人がいるのかな？」「フラれたらあとあとやりにくくなるし、みんなに知られたら……」はすべて「思考」です。それもネガティブな思考ですね。

だから、恋愛の仕方については考えないほうがいいんです。考えれば考えるほど、思考の袋小路にハマッていきます。では、どうすればいいのでしょうか？

まず好きな人を思い浮かべて、心の中で「好き」と言ってみます。誰に聞かれるわけでもないから簡単にできるでしょう。

次に好きな人に会っているとき、その人を見ながら「好き」と言います。これも声には出しません。ただ、相手の目を見ながら心の中で「好き」と言うだけです。

他人の感情を自らの脳内で〝鏡〟のように映し出す神経細胞が、二十数年前に発見されました。ミラーニューロンと呼ばれています。好きな人の目を見ながら、たとえ心の中であっても「好き」と言えば、あなたの脳と同じ箇所が相手の脳でも発火するということです。つまりミラーニューロンが機能すれば、あなたの思いは言葉に出さなくても伝わるはずです。

次は行動で示す。そして口に出して伝える。「受け入れてくれるかな？」と考えた瞬間アウトです。

昔からの友人で、女にめっぽうモテるやつがいます。イケメンからは程遠い男です。彼を見ていて思うのですが、女の前でことさら自分をよく見せようとはしません。ズケズケものを言うけれど、そこには裏表がない。言ったままが本心というか、計算も計略もなく、計画すらない。そしてフラれても落ち込むのは一瞬で、あとを引かない。

彼曰く「べつに命取られるわけじゃねえんだし、平気だよ」。

情報がいろいろ手に入るがゆえに、人は事前に分析し、リスクを回避しようとします。それが悪いとは言いませんが、たとえ失敗に終わろうと体験してみなければわからないこともあります。大丈夫です、フラれても命を取られるわけじゃあないんですから……。

第二章　好きな人はできたけれど……

好きな人の前で本当の自分をなかなか出せません。

♂ ♀

ヨヨチューからの回答

不良をしていた頃、僕はけっこう自分を出していました。すると周囲と揉めます。衝突してケンカになるし、相手と派手にやり合うことになる。だから「自分んとこの米びつに手を突っ込んでこられるまでは辛抱しろ」という教育を受けるんです。

ふつうの会社に勤めていても、自分の思っていることを言ってたら務まらないでしょう。そういう意味では、本当の自分が出せないからこそ、あなたも僕も無事にここまで生き延びられたわけです。

なので、そこをダメだとは思わないことです。自分にはそういうところがあるんだなぁと自覚しておくだけでいい。いいとか悪いとか、評価は下さないということですね。

小学校2年の孫がいるんですが、彼からのLINEが週に何度も来ます。でも自分の言いたいことだけ言って、僕が返事を送っても見たくなければ既読にもなりません。以前、彼のサッカーの試合を見に行ったとき、1歳半になる妹も一緒でした。ちょっと寒そうだったんで、ベビーカーの後ろにあったお兄ちゃんの服を足元にかけてあげたら蹴飛ばすんですよ。たぶん「これは私のじゃない!」と言いたいんでしょう。手をつなごうとしても、つなぎたくなければ強い力で振り払ってきます。

幼い孫たちは好きは好き、嫌いは嫌いで、僕のことを忖度(そんたく)したりはしません。わがままではあるけれど、本当の自分を生きているとも言えます。

しかし成長するにつれて「学校という集団生活においては〜」「クラスが一致団結して〜」「もう子どもではないんだから〜」「社会人となったからには〜」「会社の一

員として〜」と、いろいろな「かくあらねばならぬ」を身につけていきます。いや、縛られていくと言うべきか……。

もちろんそうでなければ社会が成り立たないわけですが、近年、個人の権利や自由が主張されればされるほど、社会の側からは「かくあらねばならぬ」という締めつけが厳しくなっているように見えます。昔のように個人の良識に委ねられるグレーゾーンはどんどん狭まり、白か黒かになってきました。

でも、大人も子どもも、その素顔は子どもなんじゃないかと僕は思うんです。たとえだれもが認める立派な人格者であったとしても、社会で戦うための鎧を脱いだとき、清く正しくばかりは生きられないのが人間ではないかと。

好きな人の前では自分の弱い部分も晒し、無条件に甘え、ときには自分が悪いとわかっていながら駄々をこね、それでも許してもらえることを乞う。そして相手から同じことをされても許し合える関係が築けたら……。

現実には、なかなかその域まで行けないのだけれど、そうなれない自分を責めるのではなく、許し合えている関係を想像してみてください。やがては本当の自分が出せるようにきっとなります。

本当のあなたは自由奔放であり、少しだけわがままだけれど、とても魅力的なんですよ。

尽くしているのにフラれてしまうのはなぜですか？

♀

A ヨヨチューからの回答

相談者の方は、尽くしていると自覚しているわけですね。それなのにフラれてしまうと。ご本人にとってみれば「割に合わない」という感じでしょうか。

ぶっちゃけ、尽くすのは疲れるでしょう？　なにかと気を遣うし、自分のしたいことは我慢してでも好きな人のために……とやるわけですから。だけど、尽くされているほうも、じつは疲れるんです。

僕の作品に出た20代半ばのＯＬは、事前インタビューでこんなことを語りました。

「さんざん尽くしてきたけど、もう疲れたから私のほうから別れを告げました」と。
「そりゃあ相手も疲れるよなぁ」と僕が独り言のようにつぶやいたら「ええーっ！」っていかにも心外そうです。「尽くされて、なんで疲れるのよ！」と言いたいのでしょう。

強気な表情の向こうに寂しさも垣間見えたので「本当は別れたくなかったんだ？」と訊くと、肯定も否定もしない代わりに涙が溢れてきました。よくよく話を聞いてみれば、別れを告げたのは彼女だったけれど、その前から彼は距離を置くようになっていたみたいです。

彼女は現場でセックスをして初めてオーガズムを体験します。オーガズムについては次の章で詳しく書きますが、セックスを終えた彼女が「わかりました、私に原因がありました」って言ったんです。きっと自分自身を俯瞰（ふかん）する視座が芽生えたのでしょうね。

尽くすという行為には、どうしても計算が見え隠れします。今すぐじゃないにせよ、見返りを心のどこかで求めている。要は相手に〝貸し〟を作っているわけです。ビデオに出たOLは、そうすることで恋人をつなぎとめたかったのかもしれません。

一方、見返りも期待せず、自分がしたいからするのであれば「尽くしている」とは思わないですよね。気がついたらそうしているのだから……。思考が働いていないとき、脳内では相手より先に自分がそれを受け取っています。つまり見返りがあろうがなかろうが、自分が何かをした時点でもう満たされているわけです。こういう場合は、されているほうも疲れたりはしません。

傍(はた)から見れば同じことをしていても、両者には天と地ほどの違いがあります。本当はしたくないのに、あるいは別のことをしたいのに、相手のために何かをするというのは、結局のところ自分の感情を裏切っているわけです。それでは自分の中で調和が取れません。調和が取れていない人は、やはり他者との調和も難しくなります。別れが来ないはずがないと思うんですよ。

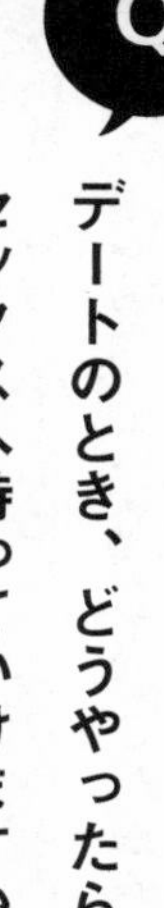

Q デートのとき、どうやったらセックスへ持っていけますか？

♂

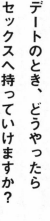

A ヨヨチューからの回答

「自然にそうなっちゃう」が回答なんですが、これではさすがに相談者も納得されないでしょう。

僕自身の経験を恥ずかしながらお話しします。女房と知り合ったのは、僕がピンク映画の助監督をしているときでした。初めて僕の台本が採用された映画に、彼女がヒロインとして出演したんです。当時は映画館で出演者たちによる舞台挨拶があったんですが、それだけじゃもったいないということで、上映前に1時間くらいの芝居もやることになりました。僕が台本と演出を担当し、彼女をはじめ映画出演者の何人かが演じる格好です。

銀座、渋谷、新宿、池袋の映画館を回り、公演期間が終わればちょっと休んで、また新しい演目へ……。公演中はずっと一緒なわけです。お互いに魅かれているという実感はあったものの、仕事だし、僕は九州から一緒に上京した女たちのヒモのような存在でした。

ある公演の楽日（らくび）に銀座で打上げをすることになりました。飲み会が終わり「お疲れさん、また来月ね」ってみんなと別れて、タクシーを拾おうとするのだけれど、ぜんぜん空車が通りません。しばらく待ってみたものの状況は変わらないので、仕方なく有楽町のほうへ歩くことにしました。

有楽町のガード下に差しかかったとき、彼女が立っているのが見えました。「どうしたの？　タクシー拾えないの？」と声をかけたら、お世話になっている同郷の大先輩が飲み屋をやっているので、これから挨拶がてら行くつもりだと言います。タクシーがつかまらないことを話したら「じゃあ、行く？」ということになり、一緒に飲みに行ったんです。

魅かれ合っていたといっても、演出家と女優という関係でしかなかったんですが、そのときはお酒も入っていたし、ふだんとは違ってお互い言いたいことが言えたというか、素で話ができました。

盛り上がって、その夜は近くのホテルに泊まり、初めてセックスをしました。好意は持っていたけれど、口説こうと思っていたわけではありません。タクシーがつかまらなくて歩いたのも、そこに彼女が立っていたのも偶然です。2人で飲んで話が弾み、一緒に泊まることになったのも、その流れの先に待っていたことでした。

好きな人と特別な関係になるというのは、往々にしてこういうものではないかと思うのです。何か策を練るというよりは、流れに逆らわなければ成るべくして成るものではないかと。

もしも、どうやってセックスに持ち込もうかと考えていたら、飲んでいても彼女の顔色をうかがい、言いたいことも言えず、盛り上がらなかったはずです。思考は店を出たあとの展開へと飛び、今ここに僕自身はいないのですから……。

そうして思い描いた展開とは裏腹に、店を出て「どうする？」と訊けば「私は帰るけど」という返事が戻ってきたように思うのです。

Q ガツガツしてると思われると嫌われますか？

A ヨヨチューからの回答

嫌われると思います。たとえば好きな人が目の前にいて、その人とセックスできることになったら、誰だってトキメキますよね。うれしいやら、愛おしいやら、そのときにはもう無我夢中で、心に余裕なんかないはずです。

ここで欲を言えば、相手の心情を感じ取れるといいのですが……。自分だけが盛り上がり、相手の感情がついてきていなければ、ちょっと引かれるかもしれません。

しかし、だから嫌われると言いたいのではないのです。無我夢中の状況において「ガツガツしてたら嫌われるかな？」と考えること自体が問題なのです。

これではセックスをしていても、それを見ている第三者的な自分が同時に存在していることになります。この自分の正体は思考です。セックスは感情と本能でするものであり、思考には休んでいてもらわなければなりません。

Q ♀

アソコの締まりがいいと男性は悦びますか？

A ヨヨチューからの回答

膣トレが流行りましたね。「締まりがいいと彼氏が離さない」とか、「自分も中イキができる」みたいな煽り文句も流布しました。じつのところ、男は悦ぶのでしょうか？

2009年「ザ・面接」に20歳の看護師が出演しました。初体験が1年前で、男性体験は3人。しかし今、恋人はいないと言います。「いろいろあって音信不通になっちゃって……」と。

「チュウしていいですか？」と訊き、久しぶりのキスに幸せそうな表情を浮かべる彼女。いい感じで始まったものの、いざ挿入されるとほとんど反応がありません。相手の男優がイッたあと、審査員の女性たちも「なんか、やらしくないよね」という手厳しい評価。そんな雰囲気を察した男優が「すっごい気持ちよかったよ！」とフォローしました。

途端に彼女は目を輝かせてこう言ったのです。「ひそかに膣バーベルで鍛えましたから！」と。まだ膣トレが流行る前でしたから、僕も男優たちも「膣バーベル」が何なのかわかりません。

「あるんですって、探せば。小さいバーベルみたいな器具で、それをアソコで持ち上げるんです。いや、まだ私は持ち上げられないんですけど……」

つまり彼女は日ごろ鍛えた成果を発揮すべく、セックスの最中もマンコを締めつづけていたというわけです。その後、別の男優ともセックスしたんですが、「今、締まってないかもしれませんよ」と相変わらず膣の締まりを気にしています。2回目のセックスでも、彼女の気持ちいい顔は見られませんでした。

前項で「セックスは感情と本能でするものであり、思考には休んでいてもらわなければなりません」と言いましたが、「アソコを締めなきゃ」というのはまさしく思考です。意識がそこに行っていては、悦びも安らぎも人肌の温もりも取り逃がしてしまいます。

そればかりか、目の前の相手と本当の意味で向き合ってはいないのですから、多くの男は肩すかしを食らったように中折れするでしょう。男優がイッたのは、彼がプロだからです。

とはいえ、彼女が膣トレを始めた理由を聞けば、その切実な思いも察するにあまりあるものでした。「だって、彼氏がくれたんです。だから捨てられないように鍛えなきゃって……」。膣バーベルをくれた最低な野郎。そんなものをもらったら「私、ユルイの!?」と不安になるに決まっています。しかもその後「音信不通」なのだから、なんと残酷なことか……。

でも、ことさら締めようとしなくても、相手を愛おしく思い、このまま一つに溶け合いたいと思えば、膣は入ってきた男のものを包み込むように締まってきます。撮影中に女の子が感じ高まって「好き！」って言った瞬間、男優が思わず「わぁ、締まる！」と言うことがしばしばあります。

愛する人と肌を合わせれば、腕は自然と抱きしめる形でお互いの体を密着させようとします。それは性器も同じなのです。「どの筋肉を鍛えて、どこに力を入れればいいか」ではなく、感情と肉体が一体となるわけです。

だから膣トレは、もう卒業したほうがいいでしょう。男のほうも、そんなに締まりを気にするのならば、マスでもかいていればいい。自分の手なら、好きなだけ締められますからね。

Q 小さくても女性を満足させられるでしょうか？

A ヨヨチューからの回答

ミラーニューロンは他人の感情を〝鏡〟のように映し出す神経細胞だと前述しました。ちょっと話がズレますが、自閉症はこのミラーニューロンの機能不全から起こるのではないかという説が近年有力視されています。神経学者のマルコ・イアコボーニが書いた『ミラーニューロンの発見』（塩原通緒訳、早川書房刊）という本には〈目下、さまざまな技法を駆使して人間の脳を調べている研究所が少なくとも六つ、自閉症者のミラーニューロン領域の障害を確認している〉とあります。

「おいおい、オチンチンの話じゃないのか？」と思われてる方もいるでしょうが、オチンチンの話です。もう少しだけおつきあいください。

自閉症の症状には、母親をはじめ他人と目を合わせない、抱っこされても歓ばない、コミュニケーションが成り立たないなど、いろいろあります。ところが、この自閉症は約4対1の割合で男子のほうが多いんだそうです。つまり自閉症患者の約80パーセントは男ということです。なぜこれほどまで男に偏っているのでしょうか？

それはもともと女のほうが「共感する能力」が高いからではないかと思うのです。ミラーニューロンが男よりも発達しているのではないかと。たとえば女同士で話をしていて、1人が悩みを打ち明けながら涙を流すと、聞いているほうの女の子も、自分のことじゃないのに一緒にボロボロ泣いているのを見かけたことがあるでしょう。

この共感能力の高さはセックスにおいても現われます。男が女の前で気持ちよくなれば、女も感じ出すということです。これは僕の撮影現場で毎回のように起きていました。

だからオチンチンが大きいとか小さいとか、つまるところ関係ないんです。もっと言えば、挿入しなくても共感によって女の子はイキます。

もしもオチンチンのサイズに何としてもこだわる彼女ならば、やめておいたほうがいいでしょう。そういう子はセックスに刺激だけを求めています。同じ男とのセックスでは回数を重ねるごとに刺激は鈍化していきます。そうすると新たな刺激、新たな男がきっと欲しくなるでしょう。

「そう言われても、好きなんだから別れられないよ」と言われるでしょうか。そういう人は「俺、小さくて気にしてるんだよね」と打ち明けてしまえばいいのです。カッコをつけている男には、なかなか言えないセリフです。けれども、それをあえて言ったあなたを彼女は笑うでしょうか。

おそらくほとんどの女性が「そんなの関係ないよ！」と言うはずです。そこにはあなたを傷つけまいとする思いやりが含まれているかもしれません。しかし本音を口にしてくれたことが、そしてそれが言いにくいことであればあるほど、やっぱり彼女はうれしいに違いありません。その思いも手伝って「大きさなんて関係ない」という自分の吐いた言葉が、彼女の中では真実へと変わっていきます。

でも、これはオチンチンのサイズに限った話ではありません。男も女もコンプレックスを隠し、まるでそれがないかのようにふるまっていると、お互いにだんだん苦しくなってきます。コンプレックスは誰にだってあります。ところが、そこをも明け渡してしまえば、逆にコンプレックスが相手との距離を縮める要因にもなり得るわけです。

Q オナニーでバイブやローターを使うとセックスで感じなくなりますか？

♀

A ヨヨチューからの回答

昔、女性が大人のオモチャを買うのは大変でした。しかし今やネット通販で誰にも知られることなく容易に手に入ります。バイブやローターや電マ以外にも、いろいろ新しいオモチャが出てきています。オナニーでそれらを使っている人は、かなりの数にのぼるでしょう。

「ザ・面接」に出演した26歳の女性は四つん這いにさせられ、後ろからアソコを舐められると「あったかい」と言いました。「気持ちいい」ではなくて「あったかい」とは……。審査員たちが固唾を呑んで見守るなか、次に彼女が言ったのは「クリトリスを剥いて舐めてほしい！」でした。「電マでオナニーしすぎて、クリが鈍感」なのだそうです。

彼女の場合はとてもわかりやすいのだけれど、オモチャを使ったオナニーを続けていると、セックスでは感じなくなります。オモチャ、つまり機械が生み出す以上に強い刺激を人間の指や舌、オチンチンが生み出すことはできないからです。そして前項でも少し言いましたが、刺激に慣れてしまうと、さらに強い刺激でないと物足りなくなります。

彼女は現在恋人がいなくて、セックスは撮影現場のみ。これまで40本くらいに出演したそうですが、一度もイッたことはないと言います。撮影のあった日はよけいに欲求不満が募り、帰って必ずオナニーするのだと。きっと電マでイクのでしょう。

まだオモチャを使ってオナニーしたことがない人、あるいはやりはじめて日が浅い人は、気持ちがいいのはわかるけれど、強い刺激に慣れてしまわないほうがいいでしょう。

けれども、ビデオに出た彼女のようにすでに慣れちゃった人はどうすればいいのか？　もう手の施しようがないのかと言えば、そんなことはありません。

「クリが鈍感」と言った彼女は、その後、1人の男優とセックスをしてイキました。一度もイッたことのない彼女が、なぜこのときにはイケたのか？　それはたとえ瞬間ではあっても、目の前の男のことを愛おしいと思えたからです。

終わったあと、見ていた審査員たちはこんな感想を洩らしました。「幸せに溢れていた。うらやましい！」「人のセックスをこんな間近で見たことなかったけど、心の動きが見えた気がした」「プライベート感満載みたいな。それがよかった、グッときた」。

審査員が感想を述べているときも、彼女は涙を流しながら男優と抱き合ったまま、離れようとはしませんでした。

オナニーはイヤラしいことを想像しながら、肉体への刺激でイキます。言うなれば「思考」と「本能」でイクわけです。それに引きかえ、セックスは「感情」と「本能」でイキます。強い刺激に慣れてしまった人も、セックスに「感情」が入ってくればイクことができるんです。

最も効果的な前戯の方法を教えてください。

ヨヨチューからの回答

前戯とは「どこをどうさわればいいのか、舐めればいいのか」って話だと考えている人が多いと思うんですが、僕はちょっと違うんです。

どういうことかというと、セックスを始める前はお互い〝社会を生きている〟わけです。女性が学生なら試験や単位、就活について悩んでいるかもしれないし、社会人だったら各々の職業意識が頭の中にある。堅い仕事であればあるほど「かくあらねばならぬ」の縛りも強いことでしょう。

この〝社会〟を引きずったままセックスに入っても、なかなか淫(みだ)らな姿は見せられません。だから、まずは〝社会〟を落とさなければならない。それが前戯だと思うんですよ。

では、どうしたら社会が落ちるのか？

いちばん大切なのは「言葉」です。なにもしゃべらず黙々と愛撫をしていたら、まだそんな気分じゃない女性は冷静です。第三者として自分たちのしている行為を眺めれば、ある意味醜く、滑稽ですらあります。彼女の反応が薄いとなれば、男のほうも「気持ちいいのかな？」「よくないのかな？」と考えてしまうでしょう。つまり、お互いが思考に入っちゃうわけです。

ＡＶを見ないような人にも人気があった男優に加藤鷹がいます。業界的には女の子に潮を吹かせることで有名でしたが、僕の作品に出ていた彼は、前戯からセックスまで、ずーっとしゃべっていました。手の動きや腰の動きよりも口数のほうが多いんです。でも女の子は彼の言葉に感じ、悶え、心を開いていきました。

セックスのときに、しゃべるのが苦手な人は多いように思います。照れくささもあるし、何を言えばいいのかわからないと。

彼女の目を見ながら、自分が欲情していることを飾らずに伝えればいいんです。たとえば「気持ちいいよ」「ずっとこうしたかったよ」「好きだよ」と……。社会を生きてるときに言ったら、人格を疑われるような言葉も入ってくるでしょう。だから意味がある。まだ社会を引きずっている彼女から「私も！」という返事は来ないかもしれません。だからといって、ひるんだり、ヘコんだりしないことです。

彼女のアソコをさわって濡れていたら「こんなに濡れてるよ」って伝えるとともに「俺も勃ってきちゃった」と自分のことを言葉にしていく。相手によって、状況によって、発する言葉は変わってくるでしょう。でも、お互いに〝社会モード〟ではない自分を晒し合っていくことで、だんだん気が通ってきます。

すると、相手のことがいっそう愛おしく感じられるはずです。そのとき、キスをしたいのか、抱きしめたいのか、さわりたいのか、おのずと湧き起こってくる欲望に従えばいいだけです。ただし無言ではなく。

そして彼女がしてほしいことを訊き、それに応えていけば、彼女もそのときの思いや感じたままを言葉にしてくれるでしょう。

「ここ、いい？」「痛い？」と訊いて、もしも「痛い」と言われた場合でも「ごめん、興奮しちゃって」というやりとりがあれば、心は擦れ違っていきません。

「ザ・面接」に出演したしおん（29歳）は、デリヘルで8年、ソープで1年働いてきて、見たオチンチンは1万本以上、セックスしたのは1000人以上と言います。でも事前面接で初めて彼女に会ったとき、本当のセックスはしてないなと思いました。セックスに対する失望が垣間見えたからです。

このしおんが「ザ・面接」においては佐川銀次とセックスしてオーガズムを迎え、銀次の目を見ながら「ありがとう」と号泣します。風俗では自分を閉じ込めてセックスをしてきた彼女。けれども自分を晒してセックスしたとき、彼女はきっと何かをつかんだのでしょう。その後、YouTubeのインタビューで「あなたの性感帯はどこですか？」と訊かれた彼女はこう答えました。「心です！」と。

前戯とは、さわったり舐めたりする以上に〝心を心で愛撫する〟ことなんです。

いちばん感じる体位を教えてください。

ヨヨチューからの回答

これは正常位ですね。「なんだ、ふつうじゃん」と思われるでしょうか。「もっと特別な体位を期待してたのに」と。

「ザ・面接」の現場では、1人の女性に対して正常位だけという場合もあります。しかもカメラは途中から彼女の顔に寄り、最後まで表情しか撮っていないことも……。本当に相手とつながりたいのなら、見つめ合った状態でする正常位がいちばんいいんです。

ところが、事前面接をしていて「えっ？　目見るの!?　目なんか見たら冷めちゃう！」と言った子がいました。聞けば恋人とのセックスでも、元彼や好きな芸能人としてることを想像するんだそうです。

僕は「覚めなきゃいけないんだよ、妄想からは」と言いました。妄想から覚めない限り、それは〝相手の体を使ったオナニー〟にすぎません。

その後、事前面接のたびに訊いてみると、他の誰かをイメージしながらセックスしているのは、この子だけではありませんでした。毎回ではないにせよ、一度でもそういうセックスをしたことがあると答えた女性はじつにたくさんいます。

「口は嘘をついても、目は嘘をつけない」と言われるように、見つめ合いながらすれば、他の誰かとしているのを妄想することはできません。

娘が思春期になった頃、僕はこう言いました。「セックスするときは相手の目を見なさい。もし向こうが見ていなかったら『ちゃんと私を見て！』と言いなさい。それでも見ない男だったら別れたほうがいい」と。

「好きな体位はバック」と言う女性もけっこういます。「犯されてるみたいで感じる」ようです。バック（後背位）が悪いとは言いませんが、「犯されてるみたいで」というのはやはり刺激が目的です。バックではお互いの顔が見られないし、刺激ということなら、結局のところ相手は誰でもよくなってしまうのではないでしょうか。

現場でも、背徳的で恥辱的な激しい行為を好む人は、セックスが手段になっていることが多いように思えます。本人が気づいてなくとも、失恋のつらさを忘れるためだったり、トラウマやストレスを癒すためだったりします。そういうことを理解したうえでやる分にはいいと思います。

正常位の次にオススメの体位は騎乗位です。セックスでは「男が攻め、女は受け身」というのが当たり前に思われていた時代もありました。しかし今の男には少々荷が重い気がしないでもありません。

一時期「草食系男子」という言葉がメディアで取り沙汰されたけれど、最近はめっきり聞かなくなりました。じゃあ「肉食系」に転じたのかといえば、そうは思えません。多くの男子が草食化しすぎて、もはや珍しくもなくなったということでしょう。

セックスをする人がこのまま減りつづけたら、どんな未来が待っているのだろうと一抹（いちまつ）の不安を感じずにはいられません。もしもこの状況を救えるとしたら、それは間違いなく女性だと僕は思っています。

女性がセックスで主導権を握ったほうがいい。ビデオに出る人ばかりでなく、一般の女性と話をしても「彼の喘（あえ）ぐ顔が見たい」「感じてる顔がすごく可愛い」「ますます好きになっちゃう」などと言います。

そういうときに騎乗位はもってこいです。お互いの顔が見えるし、自分が気持ちいいように女性は腰を振れます。もちろん男性も、他の体位にはない悦びを味わえるでしょう。

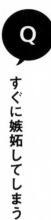

すぐに嫉妬してしまう自分の性格がイヤになります。

ヨヨチューからの回答

恋人同士にしても夫婦にしても、2人だけでいるとき、相手がふつうに接しているなら嫉妬は起きませんよね。相手の気持ちが他の人に向いてしまった場合に初めて嫉妬は起きます。それがこっちの思い込みだとしても……。

けれども、それは当たり前だと思うんです。他の誰かに気持ちが向いているのに嫉妬しないっていうのは、よほど心が豊かな人なのか……。それはそれで立派ですが、一方で山も谷もない人なのかなとも僕は思ってしまいます。

ただし相手を攻撃したり、誰かと話しているときに「何してるんだよ!」と割って入ったりするのは、ちょっと問題です。

だいたい嫉妬が起きたのちには、自己嫌悪にも陥るでしょう。嫉妬してしまう自分がイヤだと心のどこかでは思っている。相談者もそういうことですよね。嫉妬自体より、こっちのほうがヤバイと思うんです。

言ってみれば自分を否定しているわけですから。自分とやり合っているというか。やり合っている限りは、そこから抜け出せなくなります。自分の中で膠着状態が続いてしまうんです。

だから嫉妬が起きたときには、相手を責めないのと同様に自分も責めないほうがいい。「これがふつうなんだ」「俺も（私も）可愛いな」くらいに思っていればいいんです。自分を俯瞰する視座が育てば、もがいていた嫉妬の沼も開けた大海へと変わり、あんなちっぽけなことに、なんで目くじらを立てていたんだろうってきっと思いますよ。

第三章　いいセックスをするために……

どうしたらセックスでイケるでしょうか？

ヨヨチューからの回答

かつて女性からの性の相談に乗っていた頃、顔や声にプライバシー保護を施し、相談者の承諾を得て、相談映像をサイトに公開していました（現在は終了しています）。性の悩みは人にはなかなか訊けないもの。同じような悩みを抱える人たちの参考になればと思ってのことでした。

サイトには70項目近くの相談がアップされていたのですが、いちばん視聴されたのが「どうしたらセックスでイケるでしょうか？」でした。それほど関心が高いのだけれど、イコうとしたらイケないというのが真理です。このパラドックスは厄介です。

「どうしたらセックスでイケるのか」と考えること自体、逆の結果をもたらしてしまうのだから……。

ちょっと場違いな感じがするかもしれませんが、宮崎駿監督の「となりのトトロ」でメイが初めてトトロに出会うシーンは、こんなふうに描かれています。

水たまりの中のオタマジャクシを捕ろうとして、メイは近くにあったバケツを手に取ります。バケツの底が抜けているので面白がって覗いていると、穴の向こうにドングリが見える。ドングリを夢中になって拾っていると、不思議な生き物を見つけます。興味津々のメイはそのあとを追いかけて森の中へ……。そして大木の根元にあいた穴に落っこちてしまう。転がり落ちた先で、目の前にトトロが寝ていました。

オーガズムが起きるのも、これに似ています。最初メイは興味の対象がオタマジャクシだったけれど、ドングリを拾っているとき、オタマジャクシのことは忘れている。不思議な生き物を見つけたときには、ドングリはもう頭にない。瞬間瞬間、自分の欲望に従順であり、あと先のことは考えていません。

考えたり努力してもトトロに会えないのと同様に、オーガズムも今ここに自分がいて、対象、つまり相手と100パーセント向き合っていることが重要です。「こうすればこうなる」という傾向と対策はありません。

トトロは子どもに見えて大人には見えない存在。社会性を身につけ、思考偏重に陥れば、オーガズムは遠のいてしまいます。

つねにセフレが4~5人、体験人数は3桁、出演動機は中イキを体験したい——こういう女性たちに現場で会ってきました。一方、ビデオに10本とか、なかには50本以上出演してきたのに一度もイッたことがないというAV女優も撮ってきました。

一度もイッたことがない彼女たちに共通しているのは、セックスしている「相手の心と向き合っていない」ということです。だから、決して相手と目を合わせません。目をつぶり、何かを思ったり考えたりして「今ここにいない」のです。今ここに自分がいないと、オーガズムは起きようがありません。

「相手の目を見ろ！」「目を見て『オマンコ気持ちいい』って言え！」「名前を呼べ。『○○さん、好き、大好き』っていっぱい言え！」。このようなことを僕は何百回何千回と現場で叫んできました。

お芝居ではなく相手と見つめ合い、セリフではなく本気で「オマンコ気持ちいい」と言って自分をさらけ出す。乱れに乱れたとき、社会性は介入できません。そのとき初めて「今ここ」にいます。そしてオスの本能を直撃するんです。

目を見ながら「○○さん、好き、大好き！」と心の内で思うだけでも、悦びや温かさに包まれ、場合によっては感情が込み上げてくることがあります。実際に言葉として相手に伝えられれば、なおいいけれど……。

つまりは心から愛おしいと思うことこそが大事なのです。そうすれば相手を慈しむ「対人的感性」は共鳴し合い、オーガズムが起きます。「きょうはお互いにプライドを捨てて乱れてみようよ」とパートナーと話し合い、ぜひとも一度試してみてください。

オーガズムって何ですか？

ヨヨチューからの回答

ひと口に「イク」と言っても、いろいろな「イク」があります。段階に応じて僕は3つに分けています。

1つ目の「イク」は肉体的な快感が頂点に達したとき。クリでイク、Gスポットでイク、男の射精、前立腺でイクなどがこれに該当します。ここでは心や感情が介在しません。快感は自分の肉体だけで完結しています。

もちろん、これではダメだと言いたいのではありません。とりあえず性的な欲求不満は解消されるわけだから、イライラが治まったり、ぐっすり眠れたり、若さが保たれたりと、この「イク」がもたらす効用はたくさん報告されています。とりわけ若いときやセックスを覚えたての頃は、体が悦ぶこの快楽にどっぷり浸ってみるのもいいでしょう。

2つ目の「イク」から、僕は「オーガズム」と呼んでいます。多くの人はオーガズムを快楽の極致ととらえているけれど、1つ目の「イク」の延長線上にオーガズムはありません。そもそも乗っているレールが違うんです。

ここでは肉体的な快感よりも、好きな相手への思いにウエイトが置かれます。最初の「イク」が本能と向き合い肉体がイク状態だとすれば、こちらは感情と向き合って心がイク状態です。

撮影中に僕が「相手の目を見ろ！」「名前を呼んで『好き』って言え！」と叫んでいたことはすでに述べました。ただしここが厄介なところですが、前述したようにイコうとしたらイケないわけです。なので「ああ、目を見て、名前を呼んで、『好き』って言えばいいんだな」と、イクための手段としてそれをやっても何も起こりません。僕が現場で女性に叫ぶのも、それはきっかけであり、あとは本人がたとえ今だけであっても相手の男を本当に愛おしいと思えるかどうかにかかっています。

セックスという言葉が一般化する前、先人たちは性交のことを「目合（まぐわい）」と呼んでいました。目が合うと書きます。セックスの本質を昔の日本人はわかっていたのかもしれません。1つ目の「イク」は気持ちがいいのだけれど、肉体の快感だけではくり返すうちに飽きが来ます。目合ができれば心のほうも満たされて、セックスレスも不倫も離婚も激減するのになぁと僕はつくづく思うのです。

3つ目の「イク」は究極のオーガズムです。肉体がイク、心がイクと来て、次は何がイクのかと言えば〝すべて〟がイキます。そして、人生が変わるような気づきが起きる。

オーガズムを体験した直後、女性たちに感想を聞くと、こんな言葉が返ってきました。

「相手の体が自分の体」

「人間の手と手は合体しないけど、水とジュースは混ざり合うでしょ」

「日比野さんと一つになりたくてなりたくて、しょうがなくて、すごくじれったくて……。そして一つになった瞬間というのが確かにあったんです。そのとき私は私であり、日比野さんだった」

「男って私、きょうまで私は自分を敵にまわしていた。男の人も女の人も、私なんだ。私だから一体になって当然なんです」

これらは全員違う女性で、撮影の時期も場所もバラバラですが、彼女たちの言葉には共通点があります。それは「一体化」です。自分は相手であり、相手は自分なんだと言っています。

オーガズムを撮りつづけるなかで、彼女たちが気づいた「一体化」とは何を意味しているのだろうと僕は答えを探してきました。いろいろな書物にもそのヒントを求めつづけた結果、ひょっとしたらオーガズムとは世界を悟る体験ではないのかという思いに至りました。それをなるべく簡潔に説明するとこうなります。

僕たちが生活しているこの世は「二元性」の世界だと言われています。相反するペアが存在している。「右と左」「表と裏」「美しいと醜い」「光と闇」「自己と他者」といったように……。「右だけ」「表だけ」では成り立ちません。

ところが、悟りとは「一元性」の世界を意味するようです。なぜ「一元性」なのか？　そうなると何が変わるのか？

この世のすべてのものは変化しています。生き物は生まれ、成長し、老いて死んでいくし、たとえばテーブルや椅子といった無生物も１０００年後、１万年後まで同じ形のまま存在しつづけるわけではありません。

ということは「私」もつねに変化しているのですが、灯台もと暗しとでも言うべきか、自分のことゆえなかなか気づきません。そればかりは、自分が手に入れたものはずっと手の中にあると思いがちです。人間関係にしても、仕事や家庭にしても……。

いや、本当はそれがなくなる可能性もゼロじゃないことはわかっているのでしょう。

だからこそ、手放すまいと思うところに執着が生まれます。これがまず1点目です。

すべてのものは変化するだけでなく、お互いに影響を及ぼし合って存在しています。人が生まれるのも両親の存在があってのことだし、一生涯だれとも関係せずに生きていくことはできません。テーブルや椅子も、自らその形になったわけではありません。

ということは「私」を私たらしめているのは、じつは私以外のものだと言えるのではないでしょうか。先述した両親もしかり、学校、会社、趣味の集まり、衣食住のどれをとってみても、必ず他者が介在しています。仮に無人島で完全な自給自足ができたとしても、そこには自然という壮大な他者が影響を与えているわけです。これが2点目です。

この2つから何が言えるでしょうか。人生は思うようにいかないと感じることがしばしばありますが、いかなくて当然のように思えます。なぜならば、すべてのものが変化していて、自分さえも変化していて、しかもすべてが複雑に絡み合い、自分もその影響をもろに受けているのですから。

実際、人の悩みのほとんどに他者が関わっています。いじめも、DVも、学校や会社での理不尽な扱いも、ケンカも、失恋も、近しい人の病気や死も……。そして他者との比較がコンプレックスを生み出します。

悟るとは、真理を体得して苦しみから解放されることだと思うのですが、ならば現状をどう変えればそれが叶うのか？

その1つの答えが「一元性」ではないでしょうか。一元性においては「自己」と「他者」は異なるものではなく、同一です。だから「私はあなたであり、あなたは私である」という言い方が当てはまる。オーガズムを体験した女性たちが言っていたように……。

「自己」と「他者」を隔てる枠を取り払うことは、「私」という自我から自由になることではないかと思うのです。

悟りとは仏教の中の概念ですが、科学的な根拠がない分、にわかには信じられないと感じる人もいるはずです。しかし「自己」と「他者」をめぐる一元性は、科学的に言えばこういうことではないのかと思うところがあります。

ジル・ボルト・テイラー『奇跡の脳〜脳科学者の脳が壊れたとき』（竹内薫訳、新潮文庫）は、ハーバード大学で脳神経科学の専門家として活躍していたテイラー博士が37歳のある日、とつぜん脳卒中に襲われて左脳が刻一刻と壊れていくさまを克明に綴った本です。

博士が快復しなければこの本が書かれることはなかったし、また脳のプロフェッショナルでなければそのとき何が起こっていたのかを解明することもできなかったでしょう。その意味でも奇跡の本と言えます。

本の内容をかいつまんでご紹介すると、〈言語と記憶を並べる機能〉が失われ、手足も思うように動かせなくなったテイラー博士。次には、どこからどこまでが自分の体なのかさえわからなくなります。

もしもこんな状況に陥れば、だれもがパニックになりそうです。右脳だけになったときにテイラー博士が感じたことを『奇跡の脳』からいくつか引用してみます。

〈これまでの「からだの境界」という感覚がなくなって、自分が宇宙の広大さと一体になった気がしていました〉

〈左脳は自分自身を、他から分離された固体として認知するように訓練されています。今ではその堅苦しい回路から解放され、わたしの右脳は永遠の流れへの結びつきを楽しんでいました。もう孤独ではなく、淋(さび)しくもない。魂は宇宙と同じように大きく、そして無限の海のなかで歓喜に心を躍らせていました〉

〈右脳はとにかく、現在の瞬間の豊かさしか気にしません。それは人生と、自分にかかわるすべての人たち、そしてあらゆることへの感謝の気持ちでいっぱい。右脳は満ち足りて情け深く、慈しみ深い上、いつまでも楽天的。右脳の人格にとっては、良

い・悪い、正しい・間違いといった判断はありません〉

テイラー博士のこれらの記述は、「自己」と「他者」をめぐる一元性、そして自我から自由になった至福を綴っていると読んでも違和感がありません。悟りを科学的に探求していけば「右脳」の働きと深い関係がありそうです。

オーガズムと失神はどう違うのですか？

ヨヨチューからの回答

オーガズムと失神の違いについて明確な定義づけはないものの、体験する世界は明らかに違います。

オーガズムは、何かを「悟る」、あるいは「気づきを得る」。それに対して失神は、禅や瞑想によって到達できる〝ある境地〟に近いように思えます。どんな境地なのかは追ってお話しします。

セックスで失神した人が、全員それを体験するとは限りません。失神から目覚めて、なにも覚えていない人もいます。このケースは自分を明け渡せず、脳の一部がフリーズしたことから起きています。前項で紹介した脳科学者のジル・ボルト・テイラー博士は、右脳にも左脳にも思考と感情をつかさどる機能がそれぞれあると言っています。その見解に立てば、高まってきた肉体的快感を「右脳の思考と感情」は受け入れているのに、「左脳の思考と感情」が受けとめることを拒否した結果、失神したのだと考えられます。

一方、自分を明け渡して失神した女性も複数います。彼女たちが失神から覚めるのを待って感想を尋ねると、こんな返事が戻ってきました。

「なんか広ーい所に、1人ぽつんと……なんかそういうような情景だった。見えるんですよ、ここじゃないところ」

「真っ白、なにもなくて。ただ、なんて言ったらいいかわからないけど……わからない（笑）」

「（失神してたのが）5分だったよとか言われたって……その、意識あるうちの2分、5分ってすごくわかるけど、ああいう状態になった2分、5分ってのは、ぜんぜん

（感覚として）ないの」

「もうホントに善も悪もないというか、そこにはホントになにもかも無の状態の所にいたから」

「広い、白い世界、きれいな世界。べつになにかあるわけじゃないんだけど、うん、いいなーって」

全員違う女性ですが、共通しているのは失神しているときに〝どこに行っていたのか〟の記憶があるということです。そして行った先で見た光景とは、「広い所」「真っ白」「なにもない」「時間の感覚がない」「無の状態」「きれいな世界」と、言葉は多少違えど同じ所に行っていたのではないかと推測されます。では、それはいったいどこなのでしょうか？

僧侶にして東京大学大学院教授の蓑輪顕量（みのわけんりょう）さんが書いた『日本仏教史』（春秋社刊）という本を読んでいたとき、「無色界（むしきかい）」の境地を説明した文章に出会いました。「無色界」とは、欲望も肉体も超越し、心の働きだけからなる世界です。

〈最初が、空間が無限に広がっているように感じられる空無辺処、認識のみが無限に存在しているように感じられる識無辺処、何もないのだなと感じられる無所有処、そしてつかまえることが難しいくらい微細な働きしか残っていない非想非非想処が訪れる。そして、最終的には心に何ものも働きが生じない、滅尽定が訪れる〉

各境地の名前こそ聞き慣れないがゆえに難解ですが、言っている内容は似ていると思いませんか、女性たちが自分の言葉で語った光景と……。

だれもがこの「無色界」を体験できるというわけではないけれど、自分を本当に明け渡したとき、セックスにおいても人はこの境地に達することがあります。

女性をイカせる方法を教えてください。

ヨヨチューからの回答

これは、ある現場のエピソードが参考になるかもしれません。「たかがSEXされどSEX」というシリーズの中の「イクことにこだわる女たち」という作品です。

出演しているのは、ソープ嬢の綾音（26歳）と国際会議で通訳をしている映子（年齢不詳）。社会的に見たら対極に位置するような2人が、それぞれセックスをどうとらえているのか、僕には興味がありました。

彼女たちの他に2人、ネイルアーティストの美喜（28歳）と女子大1年のめぐみ

（18歳）を体験ADとしてキャスティングしています。彼女たちは単なる傍観者ではなく、「もし現場でセックスがしたくなったら、それもアリだからね。でも、してほしいというわけじゃないからね」と伝えました。あなたたちの主体性に任せるという意味です。

男優も同じく2人。平本一穂と戸川夏也。彼らは同い年ですが、男優歴は平本のほうが長く、僕の作品にも頻繁に出ていて、セックスの深いところを理解しています。一方の戸川はアマチュアレスリングで鍛えた肉体を持ち、見た目も精悍だし、持続力もある。女はイカせればいい、それがビデオの醍醐味だという仕事をしてきています。女の子ばかりでなく、男優も対極の2人なのです。

作品は女の子たちのコメントから始まります。「イッたことがないから、イクってことがよくわからないんですけど……」と体験ADのネイルアーティスト。「私もよくわかんないな」と国際会議通訳者。ソープ嬢は「どこからどこまでがイクなのか、自分でも把握できてない」。「あなたもそれが知りたい？」と体験ADの女子大生に訊くと「そうですね」と目を輝かせます。

4人とも「イクこと」を知りたいわけです。これを男優2人に伝えると、戸川が「イク・イカないで勝負したら、僕に勝てるわけないですもんね！」とさっそく平本に宣戦布告。戸川にしてみれば、そんなのお茶の子さいさいなんでしょう。

初日の夜、戸川がソープ嬢の綾音と肌を合わせます。ワイルドでパワフルな戸川に欲情し、悶える綾音。セックスが終わって、綾音が「ちょうどカリのところがね、そこそこと思うとホントにそこそこって突いてくるの。なんでわかるの!?」。

ところが、戸川は「イッてないでしょう」と冷ややかな態度。「こんなになってるのに？」と乱れたままの寝姿で綾音は問うけれど、「そんなにベラベラしゃべれないよ、ホントにイッたら」と突き放してしまいます。綾音には気まずさだけが残ったことでしょう。

体験ADたちは場の空気を感じ取りながらも、事後の始末など与えられた仕事を淡々とこなしています。

次に、国際会議通訳者の映子と平本がセックスをします。前の2人に比べて地味だけれど、情感に溢れていました。取り残された気分の綾音と体験AD2人の前で、フィニッシュは平本が大いに声を出してイキました。その後も映子は愛しい人を見るような眼差しで、平本から目を離しません。

「これ、確か『イク』がテーマでしたっけ?」と出し抜けに戸川。平本が「途中からどうでもよくなっちゃって」と笑うと、戸川は「平本さんが『イッちゃう!　イッちゃう!』って……テーマどおりかなって」と皮肉ります。

それを聞いていた映子は「でもなんか……うれしかった」。「うれしいとは?」と戸川。「うれしいエッチ、これがそうなんだなって思った」。「じゃあ、それがあなたにとってイクってことなのかな?」。戸川の質問に「テクニックとか、そういうこと以外にすごい大事なものがあるような気がして……精神的に充実するセックスが、私にとってはいちばんいいのかなと思いました」。映子の言葉にソープ嬢の綾音が聞き入っています。

その映子は翌日、戸川とすることに……。みんなが見守るなかでの激しいセックス。綾音だけは少し離れた所から……。終わったあと、「(平本さんも僕も)どっちもよかった?」と訊く戸川。映子は笑って答えません。映子の肩を抱き、戸川は布団をかぶって横になります。キスを求めるものの、映子は顔を向けませんでした。

午後になって、初日から平本に好意を寄せていた体験ADの美喜(ネイルアーティスト)を、平本が別棟の風呂場に誘います。2人が去ったあと、もう1人のADのめぐみ(女子大生)が「私もそうなっていたかもしれない」と言います。彼女もまた平本に魅かれていたのでした。

横になっていた映子と戸川がそのまま2回目のセックスを始めます。フィニッシュのあと、全身の痙攣(けいれん)が治まらない映子を見て、「絶対イッたな、絶対!」と戸川。しばらくして素(す)に戻った映子は、戸川に背を向けて羽織るものを引き寄せました。

ADの美喜と平本が風呂場から戻ってきます。2人ともニマニマして、なんだか幸せそう。そのうえ美喜のほうはどこかスッキリしている。それを見たソープ嬢の綾音は「これから新婚旅行に行く2人みたい……」。そういうことのほうが大切だと思いはじめているのでしょうか。

美喜と平本のもとへ、めぐみがADとしてコンドームを持っていきます。このセックスでも、平本は先にイッてしまう。しかし、彼がイッたあとも2人は抱き合ったままでした。

その様子をじっと見ていた映子の目が潤んでいます。昨夜自分とつながった相手が、今は別の女性と心を通わせている。それを間近に見せつけられたのだから、嫉妬しても不思議ではありません。けれど映子は「悲しいとかじゃなくて、見つめ合ってる2人を見たら感動しました」と穏やかに微笑みました。

夜、コタツを囲んでそれぞれが思いを語ることに……。みんなと少し距離を置いていた綾音は「せつなかった」と言ったものの、その理由は語りません。平本とまるで恋人同士のようなセックスを終えたばかりの美喜は「今までしてきたことは、体と心が離れてたというのがわかってきた」とうれしそうです。映子は「いろんな状況を目にすることによって吹っ切れたっていうか、ま、いわば素直になったっていうか、いいカッコしたり、頭で考えたり、そんなふうなことをしなくて、心の動くままにしていいんだって状況がここにあったから……」。

夜遅く、めぐみと平本が並んで流しに立ち、楽しそうに洗い物をしています。めぐみは4人のなかでただ1人、見る側だけにいました。平本に魅かれながらも……。洗い物を終えた彼女に「化粧をしろ！」と僕は言いました。ベテランのメイクさんが腕によりをかけてめぐみに化粧を施します。そうして奥の座敷にいる平本と2人きりにしました。

めぐみのセックスが始まると、それを見ていた綾音が再び戸川と始めます。他の3人はもうだれも戸川に興味を示していないというのに。綾音は、セックスってこういうことなんだというのがわかって、平本や彼女たちと同じようになりたかったのでしょう。最初に行き違ってしまった戸川と一緒に……。

その戸川はまだイカせることにこだわっていたけれど、最後は綾音に抱きつきました。綾音は前のセックス以上に甘え、腕に巻いていたタオル地のヘアバンドを取って戸川の汗を拭いてやっています。そこに彼女の心情が表われていました。それを受けながら、戸川は今何を感じているのだろうと僕は思いました。

平本とのセックスが終わっためぐみに訊きます。「イクことに関してはどうですか？『イクってどういうことなの』『どうしたらイクの』って最初こだわっていたじゃない？」。するど彼女は「なんか関係ないかもしれない……かなって思った」。「どうでもいいの？」と平本が訊くと、「どうでもいくはないかもしれないけれど、べつにイケなくても幸せだったらそれでいいかもって思った」。めぐみのこの言葉がエンディングになりました。

僕にとってもこの作品がターニングポイントになりました。それまでは女の子が本当にイクことにこだわっていたんです。出演する前の彼女たちのように……。

男がイカせようとしたら女はイキません。激しく突いてみたところで、女の子には男がイカそうとしてるのが見え見えです。イカせようとするのではなく、２人で気持ちよく、心がホカホカになれたなら、それがいちばん幸せなんじゃないでしょうか。その結果として、女の子がイクということはあると思いますよ。あくまでも結果としてですが。

目隠ししてやると
ふだんより感じますか？

♂
♀

A ヨヨチューからの回答

ある女の子がこんなことを言いました。

「最初、男優さんからいろいろされてるときには、照明の人も音声の人もいるし、カメラマンも監督も……。そういうことが気になっているの。でも感じてくると1人ずついなくなっちゃう。照明の人や音声の人がいなくなり、カメラマンと監督の声だけになる。そのうちカメラマンもいなくなり、男優さんと2人きり。それから男優さんもいなくなって、最後には私自身もいなくなっちゃうのよ」

オーガズムへのプロセスを語った言葉ですが、みんながこの状態になれるわけではありません。ところが目隠しをすれば、いきなりだれもいない状況ができあがります。したがって「目隠ししてやるとふだんより感じますか？」の回答はイエスです。

ただし、反対のことが起きる可能性もある。視界が遮断され、何をされるかわからない不安から、感じるどころではなく、場合によっては心を閉ざしてしまうことも……。そうならないためには、目隠しの承諾はもちろんですが、それ以前に信頼関係を築けているかどうかが重要です。

目隠しをしたら、いろいろなことをして感じさせたいと思うでしょう。このときのコツは、まず自分が欲情し興奮しているということです。なぜならば、それが相手に伝わるから。これまで何度か書いてきましたが、冷静に淡々とやるというのは思考が主導権を握っているわけで、すると相手も思考が働き、分析が始まります。

たとえば現場で中折れした素人の男性を、女の子がフェラで勃たそうと持ち前のテクニックを駆使しても勃ちません。彼女自身が欲情していないからです。それより

「私のここ、こんなにビチョビチョになってるよ。ねえ、さわって」と言ったほうが勃ってしまうんです。

目隠しをして本当にそれを楽しもうと思ったら、自分から相手に伝える。大切なのはやはり雰囲気と言葉です。言葉は半無声音。〝ささやき声〟が効きます。女性から「すごく欲しいの」とふつうに言われるより、耳元で「すごく欲しいの」とささやかれたほうが男も感じるでしょう。

だから目隠しをした彼女の耳元で、たとえば「太腿見てるだけで興奮してくるよ」「クリトリス舐めてるのを想像したら勃ってきちゃった」「ジュルジュル音をたてて蜜穴を舐めたいなぁ」とささやけば、彼女の中でイメージが膨らんでくる。と同時に、言っているあなた自身も欲情するんです。

「本当は舐めてほしいんだろ！」というような一方的な言葉なぶりは、初めからそれを求めているドMの女性以外は逆効果でしょう。「オマンコ濡れてきてるよ」と相手の状態を1つ言ったら、「もう俺の先っぽも濡れてるよ」など、自分のことを3つくらい言う。

そして彼女が感じ高まってきたら、肉体的な描写だけでなく、「可愛いよ」とか「好きだよ」とか、自分の感情を伝えていきます。ささやき声は感情を込めやすいし、視界が閉ざされている分、彼女はふだんより敏感にあなたの思いを受け取ります。現場では言葉だけで女性がイッてしまうことも珍しくありません。

やはり焦らしたほうが感じるものでしょうか？

♂

A ヨヨチューからの回答

焦らすというのは、男優でも難しいものです。

女性がしてほしいことをやりそうでやらない、あるいは途中でやめちゃうというのが「焦らし」ですが、せっかく高まってきた興奮が冷めてしまうこともあります。その加減が難しい。

快感が完全に冷めないタイミングで再開し、イク寸前でまた止めてというのをうまくくり返していけば、押し寄せる快感の波はどんどん大きくなるでしょう。

ところが、ここにも落とし穴があります。タイミングを見計らったり、次はどうしようと思いをめぐらすのは思考です。こちらが考えていると相手は冷めます。頃合いが大事で、しかも考えちゃいけないとなると、どうすりゃいいんだと思いますよね。

「焦らし」とは、相手を焦らしているようで、じつは自分が焦らされているんです。たとえばオッパイを舐めていて、すぐに性器のほうをさわりたいと思ったとします。でも、その思いを押しとどめる。性器に向かうのを我慢して、オッパイのまわりを愛撫する。その状況をどれだけ自分が楽しめるかが重要なんです。今にとどまり、今を楽しむ——これが焦らしの極意です。

今を楽しむには、自分がしたいことを言葉で発していくのがいい。ささやき声で「舐めたーい」とか「入れたーい」とか……。でも舐めないし、入れない。自分の欲情をさらに煽りながら楽しむわけです。

次第に向こうも「舐めてー!」「入れてー!」となるでしょう。「音をたてて舐めたーい」と言いながらその周辺を舐めているとか、「俺も入れてズボズボしたい。でも、すぐイッちゃいそうだから、もったいない」と言って入れない。吐いた言葉にどれだけ自分が酔えるか。「今」を楽しめている限り、思考は働きません。

お互いにさんざんおあずけ状態を味わったあとのクンニや挿入は、すぐ行為に及ぶよりも気持ちいいとは思いませんか？　クンニや挿入に移行しても「今」を楽しむのは言わずもがなですが……。

フェラで彼氏を悦ばせてあげたいです。上手なフェラのやり方を教えてください。

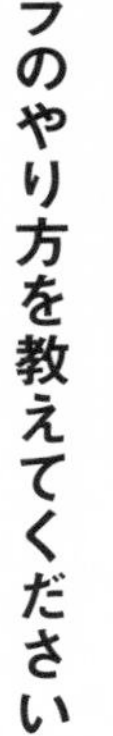

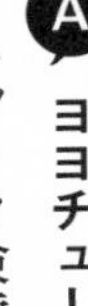

ヨヨチューからの回答

ネットを検索すれば「彼氏を悦ばせるフェラテク」みたいな記事がたくさん出てきます。そこには舌や唇をどう使えばいいのかとか、オチンチンのどこを舐めたらいいのかといったことが書いてあります。

けれども、それらを実践すべく「ええと、最初はこうだっけ」とやっていたら、彼氏が〝悦ばないフェラ〟になってしまいます。そのときあなたが向き合ってるのは彼氏じゃなくて、ネットで仕込んだテクニックだからです。

フェラについて知りたいと思うのも、彼氏を悦ばせてあげたいからですよね。ならば、まずあなた自身が本能的になり、心から欲情することです。彼氏と、そして彼氏のオチンチンを愛おしいと思い、あなたが舐めたくて舐めることです。男にとってそういうフェラがいちばん気持ちいいんです。

フェラという行為に没頭していると、あなたは「トランス」に入っていきます。トランスとは、クルマで言えばギアがどこにも入っていないニュートラルな状態。トランスに入ると、それまでに入れられていた刷り込みや過去のトラウマからも解放されます。

トランスに入ったとき、唾液をいっぱい溜めて、音をたてながらしゃぶり、卑猥な言葉を発し、その言葉に自分が酔えば、ニュートラルな状態から猥褻な世界へと入っていきます。イヤラしいことをイメージすればそれが現実になる。たとえば「咥えているだけで、私のオマンコが動いちゃう！」と言えば、本当に動くのが感じ取れるわけです。

これは自分の行為を客観視したり分析したりするもう1人の自分がいなくなった証

拠でもあります。そこで「ねえ、オチンチンしゃぶってるとこ見て〜！」と言って、目を合わせてみてください。しゃぶりながら見つめ合い、腰も使いながら「あ〜硬い、大きい。ねえ、声出して……もっとイヤラしい声聞かせて〜！」と、彼氏が本気で声を出すまであなた自身を焦らしてみてください。男が目をそらさず声を出せば、２人の心は溶け合います。

撮影現場ではフェラで女の子がトランスに入り、男が射精すると同時にフェラをしていた女の子もイッてしまうということが何度もありました。挿入していても相手の体を使ったオナニーのようなセックスもあれば、たとえ挿入していなくとも相手と同化してしまうフェラもある。それはもうセックスだと思うんですよ。

クンニのコツを教えてください。

ヨヨチューからの回答

無言のままクンニを始める人がいます。いきなりアソコを舐めても、彼女の気持ちがそこまで高まってなければ「あれ？」って思うでしょう。「え、なんで？　どうして？」くらいならまだしも、「だれにでもこうしてるのかしら？」とか、場合によっては「舐め方、ヘタよね」と分析されてしまうかもしれません。

なぜこうなるのかと言えば、彼女が冷静だからです。まずは彼女を欲情させなければなりません。

たとえばベッドで抱き合いながら、あるいは太腿などを撫でながら、でもアソコにはさわらず、耳元で「舐めたい」とか「しゃぶりたい」、あるいは「イヤラしい音をたてて貪（むさぼ）りたい」とか「言ってるだけで硬くなってきちゃった」などとささやいてみます。彼女が卑猥な気分になれば、もう分析はしません。

クンニをしている最中も「もっと音をたてて吸いたい」「ビラビラを開いて舐めてもいい？」と自分のしたいことをそのまま言葉にしていきます。彼女に届く前、言葉として浮かんだ時点で、あなたの中の漠とした思いは具体的なイメージをともなって現われます。それがさらにあなたの淫欲をかき立てる。

すると彼女からも「もっと吸って！」とか「そこ気持ちいい！」といったリアクションがあるでしょう。「もっとこう舐めてほしい」という要望も来るかもしれません。

それは2人のフェーズを合わせていくという面もあるけれど、女性自らが「お願い、舐めてー！」って思うことが、どんな舌づかいにも勝るのです。

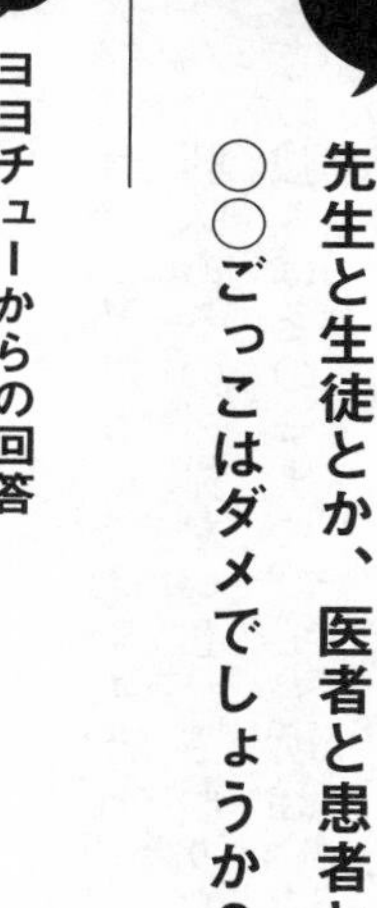

先生と生徒とか、医者と患者とか、○○ごっこはダメでしょうか？

ヨヨチューからの回答

社会性をなかなか捨てられない人にとって、○○ごっこは大いに有効だと思います。「ザ・面接」に出た看護師のあおい（39歳）は、かつてフェミニズム運動もしていたバイタリティのある女性です。デキるカッコいい女を目指し、仕事も人一倍頑張ってきました。

ところが気がつけば、男に甘えられなくなってしまったらしい。まわりからは自分でなんでもできる強い女だと思われているようです。頼り甲斐のありそうな男はぜんぜん近づいてこないのだとか……。

そんな生き方に彼女自身も「疲れちゃった」と本音を漏らし、「私も女だから、たまには甘えてみたいと思うし、主婦の人とか赤ちゃん産んでる人がホントは羨ましいのよね」と言います。

あおいはセックスで一度もイッたことがないそうです。そこで彼女には小学校に入学したばかりの女の子を演じてもらうことにしました。相手の男優は彼女の同級生役です。小学校1年生のあおいが言います。

「不思議だったんだけど、どうしてあおいにはないのかな？　男の子はみんなあるじゃない」

「え？　オチンチン？　あおいちゃん、ないの？」

「うん。興味あるの。見たいし、さわりたい」

意志の強さはそのままに、でも所詮「ごっこ」ということで自分の言いたいことが言えるのでしょう。

「あおいちゃんは割れてるの!?　怪我したの？」

「最初っから割れてるの。でもね、さわると気持ちいいの」

こうしてあおいは幼い女の子になり、男のオチンチンをさわり、「私のもナデナデして」と甘えます。仕舞いには「オチンチンを当ててみて！」「奥に入れてみて！」とセックスが始まりました。「気持ちいいじゃん、もっと前からすればよかったぁ」。そう言ったあおいは「気持ちいい、イッちゃう！」と絶叫して果てました。

僕が感想を求めると「カッコつけなくていいし、誰がどう思うか気にしないでしゃべれるからうれしかった。なんか正直になれた感じ。そしたら、やさしくしてくれた……男の人って本当はやさしいんだ」。

話しながら、あおいは泣いていました。自分じゃない人間を演じたから、逆に正直になってセックスで男とつながれたんです。

このように○○ごっこは、自分を捨てられない人にとっては、なおさらやってみる価値があるでしょう。彼女が演じた小学校1年生のあおい。じつはそれが本当の自分なんですけどね……。

素人にもできるセックス催眠ってありますか？

♂ ♀

ヨヨチューからの回答

僕もよく使っていたセックス催眠があります。「握った手が性器になる」というもの。簡単なのでやり方を説明しましょう。

「僕の言ったことが現実になるから、ちょっと試しにやってみようか」くらいの感じで始めたらいいと思います。まずソファに浅く腰かけて、そのまま背中を背もたれにあずけてもらいます。少し寝そべるような格好です。リラックスして深呼吸。腹式呼吸がいいでしょう。

「息を吐くたびに、体の中に溜まっている疲労や毒素が全部出ていきます」「きれいな新しい空気をいっぱい吸うことで、体全体がクリーンになっていきます」と誘導します。

「そのまま続けてください」としばらく深い腹式呼吸をくり返してもらって、「腰のあたりがだんだん温かくなってきました」と言うと、それまで呼吸にだけ行っていた意識が腰に向かいます。「太腿も温かく感じます」「呼吸しているだけで足も温かいです」「血液の循環がよくなってきたので、手の指先もポカポカしてきました」と体のいろいろな部位に意識を向かわせ、「すごく幸せな気分です」と導きます。

充分リラックスできたようなら「今度はちょっと速い呼吸をやります」。「思いっきり吐いてください。もう要らないものを全部吐き出すつもりで！」と、1秒間に1回強く吐き出す呼吸に移ります。吐けば自然と吸うので、強く吐くことだけに意識を集中させます。この短く強い呼吸を30回から50回くらい続けてもらいます。そうすると気がめぐって、ものが考えられなくなります。

なかには過去のトラウマが出てきたり、指が硬直する人もいますが、そんなときには慌てずに「呼吸を自分の意識下に置いてください。自分の意思でゆっくり呼吸をしてください。僕の目を見ながらやれば必ず戻ります」と言ってふつうの呼吸に戻します。実際に戻らなかった人は1人もいないので心配は要りません。そして症状が治まったら、また最初の深呼吸から始めます。

短く強い呼吸を30回から50回続けてなにも問題がなければ、ここで1分ほど休憩を入れます。ただし思考に走らないように、「今の呼吸で、あなたの体の全部の細胞が悦んでいます」「全身がポカポカして本当に幸せです」と語りかけ、「少しエッチな気分になってきました」という暗示を入れて、性器呼吸に移ります。

性器呼吸とは、膣から吸って膣から吐くというもの。もちろん実際には鼻から吸って口から吐くわけですが、膣の呼吸を意識すると、吸うときに膣を閉めて、吐くときに膣を緩めるように筋肉が動きます。右手も左手も軽く握りこぶしを作ってもらい、吸うときに強く握り、吐くときに緩めれば、手と膣は連動してきます。

性器呼吸を20回くらいしたら、続けたままで「膣がもうズキズキしてきます」「疼（うず）

いてきます」「あなたはすごく興奮してきます」と誘導するのですが、その兆候が見られたら「してきます」から「してきました」に持っていきます。「ズキズキしてきました」「疼いてきました」「興奮してきました」という具合に……。

ここまで来たら「あなたの手と膣がもう一体化しています」という暗示を入れて、「はい、呼吸はもういいですよ」と次に移ります。

彼女の握ったままの手を人差し指側を上にして、人差し指の第2関節の側面（握りこぶしの穴を膣に見立てればクリトリスのある位置）を軽く撫でながら「ここはクリトリスです。クリトリスに響いて、ものすごく感じますよ」という暗示を入れます。

撫でていた指をいったん離し、その指を自分の唾液で濡らしておいて「今からさわったら、クリトリスが湿りますよ。ほうら」と撫でると、女の子は反応します。「もっと感じます」「さらに感じてきました」と愛撫をくり返しながら、「今度はこれをあなたの握った中に入れると膣に入ってきて、ものすごく気持ちいいですよ」と指をゆっくり握りこぶしの中へ挿入していきます。こうして指をズボズボするだけで腰が勝手に動き出し、そのままイッてしまう女性もいます。

このまま終わっても特別問題はありませんが、催眠をしっかり解いておきたい場合には「私がこれから10数えたら、元のあなたに戻っていきます。1、2、3……」と10まで数え、「はい、元に戻りました!」とやれば大丈夫です。

今回紹介したのは呼吸によってトランスに導き、そこで暗示を入れるセックス催眠です。催眠なので、思考偏重というか、言ったことを左脳で受けとめ、分析してしまう人はなかなか催眠に入りませんが、それは致し方ないですね。

Q ソフトSMに興味があります。

A ヨヨチューからの回答

ソフトSMに興味のある人は多いんじゃないかと思います。どちらかが主導権を握り、軽く手を縛ったり、そうしておいて卑猥な言葉を投げかけたり、辱めたりというのは、先述の○○ごっこと同様に社会性を落とす効果もあります。

そして、誰かに命令されたほうが動きやすい、さらには命令されないと動けないという人もいます。同じ目線でやさしくされると、どう対応したらいいのかわからないと。

これは幼児期に主体性を認められず、服従することを強いられて育った人に多いような気がします。そんな人にとっては主従関係のあるセックスのほうが入り込みやすくもなるでしょう。

ここで知っておいてもらいたいことがあります。SとMは支配と服従の関係ですが、じつはおのおのが自己完結しているんです。Sはパートナーを支配することで自我（エゴ）に栄養を与え、Mは服従することによって自己陶酔とも言える快を得ています。互いに自己完結してしまうSMにおいては、両者の心が一体化するような悦びは得られません。

したがって「服従」からオーガズムは絶対に起きません。オーガズムは「明け渡し」によって起こります。「服従」と「明け渡し」、いったい何が違うのでしょうか。どちらも自分の意思で行動しているのではないという点は共通しています。

とはいえ「服従」の場合、思考は生きています。たとえばSの命令を理解し、何をすればいいのかがわかっていなければ行動に移せません。一方、オーガズムへ至る「明け渡し」においては思考が落ちています。そこにあるのは安心や温もりや愛おしさです。「服従」の場合、これらはありません。

そう言えば、男優の森林原人が主催したセミナーで「いたみのセックス」という作品が上映されたのですが、そこに出演していたMの女性がこんなことを言っていました。「Sの人に対して愛おしさを感じているのではなく、血のにじんだ緊縛の跡に愛おしさを覚えるんです」と。


話を元に戻しましょう。ソフトSMといえども支配と服従が基本のプレイなので、やっていくうちにエスカレートしていくことがあります。よりいっそう強い刺激を求めるがあまり、ソフトではなくなる場合もある。結果、「こんなことをやらないと燃えない私って……」と自己嫌悪に陥る人も実際にいます。

だからソフトSMは、強固な社会性から自由になったり、過去のトラウマを癒したりするために必要なんだと位置づけるのがいいでしょう。Mになってヨガる自分を否定することなく、今の私には必要なプロセスなんだという自覚があれば、前述した一元性のオーガズムを体験する可能性が出てきます。撮影現場でも、幼い頃に虐待を受けたり服従を強いられたりして育った人たちが、深いオーガズムを体験する姿をたくさん見てきましたから……。

人に見られそうとか聞かれそうとか、ヤバい場所だと盛り上がるでしょうか？

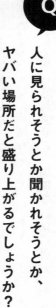

A　ヨヨチューからの回答

盛り上がるかどうかはちょっと疑問ですが、興奮はすると思います。「まさかこんな場所で」とか「こんなシチュエーションで」という、いわばタブーを犯すことに人は興奮を覚えます。

「ザ・面接」に出演した美容部員のまどか（50歳）は気品が漂っていました。ところが人は見かけによらないというか、ふだん彼女は短めのスカートを穿き、ノーパンでコンビニへ行くと言うんです。そしてわざと下の段の物を探すふりをしてしゃがみ、自分でクリトリスをチラッと見て興奮し、帰ってオナニーするのだそうです。

撮影のときもミニスカで登場して、パンティを穿いてないことが知れると、男優やエキストラたちがワーッと覗きに来ました。それだけで彼女はアソコがひくひくと動き、もう濡れてきています。

また、男とホテルに行ったときには、ホテルの窓を全開にし、外を向いてオナニーをさせられるんだそうです。相手も彼女の性癖をわかっているのでしょう。開けた窓の目の前に電車が走っていて、乗っている人から見えるくらいの距離。だから、いっそう彼女は興奮するわけです。ここまで来ると、もうひとつの才能と言えそうです。

このあと彼女は巨根の男優とセックスをするのですが、「え〜、すごい太い！」と股を開き、「ここが通れば、中はグチュグチュ」と卑猥な言葉を発しつづけます。男優が感情を込めて見つめても、「あ〜、感じる。見られながらオマンコしてる。恥ずかしいけど、すごく気持ちよくて……あ〜、イク、イク、イク！」と男への愛おしさはまったく感じられません。卑猥な言葉に自分が酔うのも、「こんな恥ずかしいことをしている私」という思考が、淫欲をかき立てているんですね。

恋愛中とか、これから結婚するつもりの相手とするならば「心がつながるセックスをしたほうがいいよ」と言いたいところですが、まどかの場合はこれでいいのかもしれないと思いました。

50歳と言えばまだまだ若いし、これから結婚する可能性だってあるかもしれないけれど、バツイチの彼女にその気はさらさらなさそうです。純粋に快楽だけを追求し、その悦びが明日の元気につながっているとしたら、心や感情っていうのはきっと重すぎるんだろうなぁと思ったのです。

セックスでいちばん大切なことって何ですか？

ヨヨチューからの回答

「自分の心に嘘をつかない」ということだと思います。そうすれば相手との間に信頼が生まれます。信頼がなければ、なにも起きないと思うんです。

セックスにおいては、言葉で自分の気持ちを伝えることがとても大事です。具体的に言えば〈目を見る〉〈名前を呼ぶ〉〈「好き」って言う〉、この3つです。

嘘をついていたら目を見られない。形だけ見たとしても、見抜かれてしまいます。名前を呼ばれると、相手はちゃんと向き合ってもらってるのを感じ取れます。自分の心に嘘がなければ、ここまでは簡単にできるでしょう。けれども「好き」って言うのには勇気が要る。森林原人が言っていたのですが、『好き』って言って、なにも反応がなければ、全存在を否定されたような気持ちになる」と。平気で嘘がつける人なら容易く言えるし、それで無反応だったとしても痛くも痒くもないでしょう。でも嘘をついていなければ、いちばん大切な思いだけに人は傷つき、逆に受け入れられれば心がつながっていくんです。

信頼はつきあいが長いからといって構築されるわけではありません。本当の自分で相手と向き合わない限り、信頼関係は生まれない。それには自分のいいところだけでなく、弱点もコンプレックスも全部見せるし、話すということです。上から目線でも下から目線でもなく、水平目線で。

相手にしてみれば、そこまで話してくれたことがうれしいし、女性ならば母性本能も働くでしょう。おまけに自分が優位に立つわけですから、ことさら構える必要もなくなります。一方あなたは、その人と一緒にいるとき楽になります。もう隠すものはなく、自然体で過ごせるのですから……。そんなセックスがいちばん幸せなんですよ。

第四章　セックスしても悩みがいっぱい！

ネットや雑誌のテクニックを読んでもセックスが上手くなりません。

ヨヨチューからの回答

アダルトビデオの男優や女性用風俗（女風（じょふう））のホストならば、セックスにテクニックが求められます。男優は見せるセックスをしなければならないし、女性用風俗なら女性たちは恋愛ではなく快楽を求めてやってくるわけですから。

「ザ・面接」で出演者の女性用風俗体験談をベースにした再現シーンを撮っていたとき、エキストラも含めその場にいた６人中３人が体験者ということもあり、女風の話で盛り上がりました。彼女たちは女風のホストについて「一般の人とは違う」と言います。「どこが違うの？」って訊いたら「テクニックがぜんぜん違う」と。

でも、恋人や夫婦はセックスのプロじゃないので、彼らと同じようになる必要が果たしてあるんだろうかと思うのです。「いや、俺はプロレベルのテクニックを身につけて、彼女を悦ばせたいんだ」と言われるでしょうか。

しかし、ネットや雑誌でテクニックを学ぼうとすると、大きな落とし穴が待っています。

「お姉様淫女隊」シリーズに「咥（くわ）えていじって心の奥まで犯してあげる！」という作品があります。プロの男優ではなく一般の出演者を募（つの）り、高学歴の男性ばかりを集めた作品です。そのなかに慶應義塾大学を卒業して社会人2年目の達也（24歳）がいました。

このシリーズは淫女隊と呼ばれる3人の女性が男をセックスで解放していくというもの。達也は淫女隊に責められ、あっと言う間に射精したあと、「今度は僕が感謝の気持ちをセックスで恩返しするね」なんて言い出します。下手な役者が棒読みしているようなセリフに現場の空気がシラケていくなか、「気持ちいいところを言ってくれれば、ピンポイントで責めるから」と。

空回りしている言葉に、淫女隊からは失笑が漏れました。淫女隊のなかでもとりわけ感性豊かな早紀（20歳）が、

「さぞかし女の体を知り尽くしているんだね。じゃあ、お任せします」

「シェフのお任せコースでいい？」

「なんでもいいよ」

こうして早紀とキスをし、乳房を両手で揉み、乳首を舐めるものの、その手つきはぎこちなく、セックスをしているようには見えません。早紀からはついに「眠たい」と言われ、「いや、本とかビデオではシナリオがあるじゃないですか……」と達也。

つまり、本やビデオで紹介されているマニュアルには「こういうときには、こうせよ」というシチュエーションが設定されているけれど、今はなにも設定されてないから上手くできなかったと言いたいようです。キスをして、乳房を揉んで、乳首を舐め

て……というのも、どこかで読んだテクニックなのでしょう。

「君はそういうマニュアルを信じているわけ?」と僕が訊くと、

「信じてたんですけど……」

「バカ野郎、そんなもの信じないで、おまえの感性を信じろよ!」

「なんかこんなふうに追いつめられるのは、就職活動の圧迫面接以上です。自分の根本的な価値観が……」

「とにかく自分と向き合ってみな。正直な自分を出してみるんだよ」と僕は達也にアドバイスをしました。

ここから彼は淫女隊の本格的な洗礼を受けます。まず早紀の濃厚なフェラで、達也は一言も発しないまま彼女の口の中で2度目の射精。すかさずリーダー格の英子(ひでこ)(25歳)が達也のものを勃起させ、咥え込むようにして跨(また)がり、本能剥き出しで腰を使います。メスと化した英子の生々しさに達也は初めて声をあげ、イッてしまいます。彼にとっては今までに体験したことのないセックスだったに違いありません。

しかし、淫女隊は手を緩めません。次から次へと彼の上に乗って射精させていきます。彼は途中から意識が朦朧となり、ついには早紀に抱かれたまま動かなくなりました。早紀は微笑みながら、

「彼からすごい安心感が伝わってくる。きっと初めて自分のすべてを出し切ったんじゃないかな」

達也は本当に寝ていました。撮影現場で、しかもカメラが回っているというのに……。精も根も尽き果てるほど、彼はエネルギーを出し切ったのでしょう。彼を抱く早紀の目が潤んでいます。

「彼にエッチの途中で『今までつらかったんでしょ』って訊いたのね。そしたら『うん』って言ってた」

達也は入試や就職に向けて多くの本を読み、進学塾にも通い、知識を身につけてきました。その努力が実って一流大学から憧れの大企業にも就職できたわけです。そういった成功体験の延長線上にセックスもとらえ、ハウツー本やマニュアルに載ってい

る知識を頭に詰め込んできたのかもしれません。

セックスが上手くなろうと思えば、努力や義務になります。そんなセックスが本当に楽しいでしょうか。自分が楽しくなければ、結局のところ相手も楽しくありません。テクニック重視は、どうしても自分対自分になりがちです。それは頭の中にあるマニュアルとの対話なのだから。男が冷めていて、なんで女が欲情するでしょう。テクニックを学ぼうとすると、相手との一体感や至福感といった、かけがえのないものを取り逃がしてしまいます。

撮影後、達也と連絡は取っていませんが、もしもあのまま結婚していたとしたら、どんな生活を送っているんだろうと思うことはありました。温もりのあるセックスは充実した結婚生活に欠かせないファクターですから。

感じてくると オシッコが漏れそうになります。

♀

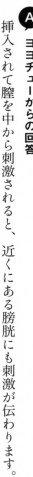

ヨヨチューからの回答

挿入されて膣を中から刺激されると、近くにある膀胱にも刺激が伝わります。尿が溜まっていれば、漏れそうになることもあるでしょう。

アダルトビデオには、男優が女性に潮を吹かせるシーンがよく出てきます。今や潮吹きが見せ場になっているため、故意に潮吹きを誘発させています。潮吹きで快感を得る女性がいる一方、痛かったり不快な思いを我慢している女性がいるのも事実です。

潮吹きはスキーン腺（男性の前立腺に相当）由来と膀胱由来の説がありますが、自然と潮を吹いてしまうとか、セックスの前にトイレに行ったにもかかわらず漏れそうになる場合には、別の理由が考えられます。

ずっとセックスを撮ってきて、イケない女性の多くがイキそうになると「オシッコが漏れそう！」と言います。そして感じやすいのにイケない人ほど潮吹きが多いんです。

男女を問わず、潮吹きがオーガズムだと思っている人が今は多数派ですが、撮影現場で数多くの潮吹きに立ち会ってきた僕には、最後の最後で相手に心を開けないからこそ潮を吹くんだとしか思えません。

オーガズムに至るには「自分を明け渡す」ことが必要になります。イケない女性はこの「明け渡し」ができていません。セックスで相手に心を開けなければ、自分を明け渡すことなどできません。

オシッコが漏れそうになることや潮吹きを、相手に心を開けない自分へのシグナルだととらえてみましょう。

心のありようと尿意や潮吹きがどうつながっているのか。僕は「気」の流れと関係があるのではないかと思っています。「気」とは東洋医学の根幹です。たとえば漢方では「気・血・水」が体内をめぐることで健康が保たれると考えられています。

イキそうになったとき自分を明け渡せれば、体に渦巻いていた「気」が流れ出て、相手から流れ出た「気」と混じり合うのではないかと。それが相手との境界線がわからないほど溶け合うオーガズムの感覚だと思うのです。

ところが、自分を明け渡せなければ「気」の流れもうまく回らなくなります。「気」の行き場がないわけです。イキそうでイケない子は一様に苦しそうな表情を浮かべます。それは外に出て相手と混じり合いたい「気」が、心を閉じることで堰(せ)き止められ、出る場所を探し、もがき苦しんでいるように見えます。

そして苦しさと快感が最高潮に達したとき、出る場所を探していた「気」が潮吹きを起こすのではないかと。イキそうになると「オシッコが漏れそう！」と言う女性も同様です。

というようなことをかつて拙著『つながる』（祥伝社刊／新潮文庫）に書きました。この本の映画化をプロデュースしてくれた女優の中原翔子さんが、ユーストリームの番組で読後感を語ってくれました。彼女は目合（まぐわい）体験をしたのち、相手の男性と紆余曲折があったそうで、それをこんなふうに話していました。

「揉めた男女の進退の話。私たちの関係は白なのか黒なのか——という話をしているときに、相手はグレーを選んだ。そうなると、白にしたい私もグレーしか選べない。そのときにぐっと自分を押し込めた。ぐっと押し込めたら、ビシャッといった。そういう体質になっちゃったと能天気に構えていたけれど、あれは私の中のストレスだったのよ。私の涙だったんだ」

セックスで溶け合った相手であっても、関係性が変わり、自分を明け渡せなくなれば潮吹きが起きるという話です。

では、どうしたらいいでしょうか。ビデオの撮影ならいいけれど、実生活でセックスのたびに布団をビショ濡れにするわけにはいきません。かといって、セックスの途中でトイレに行ったのでは、せっかく高まってきた快感も冷めてしまいます。いや、トイレに行きたいと考えた時点で、すでに思考が主導権を握っていると言えるでしょう。

以前、ハコヘル（店舗型ヘルス）に勤めている女の子が出演しました。彼女はセックスしていても感じてくると「苦しいよ」と顔をしかめます。そして「ダメ、吹いちゃう！」と言って男優を突き飛ばし、オチンチンが抜けた瞬間、男優がビショ濡れになるほど大量の潮を吹きました。僕がこれまで見たなかでも最大の量です。

インタビューでわかったのは、彼女がふだんから「相手を気持ちよくさせてあげたい」と強く思っていること。ハコヘル嬢という仕事柄もあって、その思いは使命感とでも言うべきものでした。

僕は彼女に「きょうは男優に気を使わなくていいんだよ。あなたが気持ちよくなって！」と諭(さと)しました。次のセックスで再び感じてくると、彼女は男優の目を見ながら

「一緒にイキたいです」とせつなげに訴えます。男優も目を見てそれに応えました。2人が同時に高まってくると、今度は突き飛ばすことなく、男優を強く抱きしめた彼女。もう潮を吹くことはありませんでした。

感じてくるとオシッコが漏れそうになったり、潮を吹きそうになる人は、感情にウエイトを持っていくことが大切です。そして、相手に自分を開いていく。逆に言えば、どうしても自分を開けない相手とは、しないほうがいいということですね。

彼のセックスが手抜きです。やる気にさせる方法を教えてください。

♀

A ヨヨチューからの回答

この相談を読んで真っ先に思うのは「思い込み」と「直感」は分けて考えたほうがいいということです。「思い込み」とは「固く信じて疑わないこと」。「直感」とは「心でただちに感じ取ること」。両者の違いは何なのか？

たとえば、セックスで男が女の全身を愛撫したり、クンニをたくさんしてくれると考えるのは「思い込み」です。「これくらいしてくれなきゃ」という前提自体が思い込みなので、それが満たされない場合に「手抜きだ」と感じるのもまた「思い込み」と言えます。

一方、これが「直感」だとどうなるのか？　彼や夫がおざなりのセックスをした場合、「愛情を感じない」とか「寂しい」とは感じるでしょうが、「手抜きだ」とは思わない。この違いはのちのち大きな差を生みます。

「ザ・面接」であかりという36歳のOLを撮りました。撮影の2週間前に事前面接で会ったとき「悲しかったり悔しかったりして泣いたことは一度もない」と言います。幼い頃から感情を露（あら）わにするのはハシタないと躾（しつ）けられてきたようです。

僕は目合（まぐわい）の意義や重要性について話し、「今回の撮影では閉じ込めてきた感情を出すこと、それが君のテーマだよ」と告げました。「私もそれに挑戦したいです」とあかりも前向きでした。

撮影当日、カメラの前で「ビデオは何本かやったんですか？」との質問に、あかりは「2本ですね」と即答します。事前面接のときはゼロだったから、この2週間で2本撮ったということでしょう。

出演してみた感想を問われると「お姫様みたい」とのこと。あかり曰く、現場ではコップを握る形で手を挙げれば、黙っていても飲み物を持ってきてくれたり、終始スタッフにチヤホヤされたようです。2週間前の僕との話を覚えているのか、少々不安になってきます。

「きょうはどんなことしたい？」と訊かれると、両脇に座っている佐川銀次とウルフ田中を一瞥したあと、「この2人とするんですよね？　私、ホントはあっちの人のほうがよかった」と別の男優を見ています。「でも、まぁ、最初はこっちから……」と進行役の市原克也に諭されるものの、「シミとか、シワとか、メタボとかが出てきたら、やなんですよ」と言いたい放題。

AVの撮影ではわがままが通り、チヤホヤしてもらえるというのは、あかりの「思い込み」です。

彼女は「こういう感じでセックス始めたことないから、わかんないですよ」と笑いながら、銀次とウルフの肩に手を回し、「しまっていこう！」とおどけてみせます。

一瞬の静寂のあと「セックスやる気あんのか、おまえは!」とついに市原がキレました。

重苦しい空気のなか、怒鳴られたあかりはムクれています。隣に座っていた銀次が抱き寄せ、「なんも考えなくていいや」とやさしく声をかけています。

僕は「本当の自分、出せよ。本当は恥ずかしいんだろ?」と訊きました。彼女はうなずき、「恥ずかしくて緊張しているのを——」「カバーしたんだろ?」と先回りして尋ねると「そう」と言います。「やめろ」「うん……」「銀次さんつーんだよ。目見ろ、その男の」。

銀次は気持ちのこもった愛撫を始め、クンニをしていくのですが、あかりはうんともすんとも言いません。「舐められて気持ちいい?」と僕が訊けば、「心が今、防御態勢に入ってる」と言います。

僕はこっそりエキストラの女の子に「銀次を盗っちゃえ」と耳打ちしました。その子は銀次の後ろに回ってチョッカイを出し、やがて銀次と濃厚なセックスをくり広げます。

その間、もう1人の相手役であるウルフが、取り残されたあかりのケアをしていました。といっても、黙って一緒にいるだけです。「悲しかったり悔しかったりして泣いたことは一度もない」と言っていた彼女の目からは大粒の涙がしたたり落ちています。あかりは涙ながらにウルフにこう訴えました。

「だって、これって仕事でしょ？　仕事っていうのはさー、自分を殺してさー、まわりのニーズに応えてさー、それで賃金をもらうものなんじゃないの？　そう考えたらさー、我なんて出せないし、やりたいことなんて言えない」

黙って聞いているウルフ。彼女がここで言っていることも「思い込み」です。なぜなら僕が彼女に要求したのは「自分を殺せ」ではなく、それとは真逆の「本当の自分を出せ」なのですから。

エキストラと銀次のセックスが終わって、他のエキストラたちからは「銀次さんを奪い返してほしいなと思いました」「彼女自身が解かないと、だれもできないから。

なにを言っても本人次第だと思います」という感想が出ました。

僕は「もうこのへんで終わりにしようか」と市原に声をかけました。市原にしてみれば、自分が怒鳴って、このまま彼女がボツになったらマズいという思いもあったのでしょう。「彼女、何かやるのちゃうの?」とあかりに声をかけるものの、僕は「いや、もうできないでしょう。今さらこういうノリになって……」。

舐めてくれても素直に身を任せられなかったその男が、別の女といいセックスをして、自分はと言えばお姫様気分で現場に臨んだものの、いきなり怒鳴られ、撮影打ち切りを宣言されて、もう訳がわかんないほど追い込まれているわけです。

どうにもならない状況のなかで、あかりは「甘えたい」と言い出しました。心が防御態勢に入り、仕事でやりたいことなんて言えないはずなのに、理屈に合わない言葉です。けれど、「直感」はもともと理屈に縛られません。もう目の前の現実と向き合うしかなくなった彼女は、そのとき感じた思いをそのまま口にした。それしか術(すべ)がなかったということですね。

その後のセックスで、あかりはウルフの目を見つめて「一つになってるね」と言い、どんどん昇りつめていきました。終わったあともウルフに抱きついたまま、彼の耳元で「好きだよ、ありがとう」と。カメラを向けると、まるで別人のような顔になったあかりが「こんなセックス、初めてです」と言いました。

僕たちが生きている世界は「思い込み」だらけです。あかりのようにそれが上手くいかなくて抜き差しならないところまで行ったとき、思考は停止し、「直感」に頼らざるを得なくなります。思い込みや決めつけは思考であり、思考が働いている限り「直感」は働きません。

与えるがゆえに与えられるのだとすれば、彼のセックスが手抜きだと思っているほうもじつは手抜きをしており、合わせ鏡のごとく相手を通して自分の姿を見ているだけかもしれません。

Q **セックスよりオナニーのほうが気持ちいいのですが、どうしたらいいですか？** ♂ ♀

A ヨヨチューからの回答

気持ちよさで言ったら、セックスよりオナニーのほうが気持ちいいでしょう。いちばん感じるところを自分が知っているわけですから。

オナニーグッズも絶妙な進化を遂げています。男性用ではＴＥＮＧＡが有名ですが、女性用挿入型バイブのなかには、３種類定番振動＋７種類インバーター振動＋５種類吸引モード＋Ｇスポットタップ振動付きといった至れり尽くせりなものもあります。

ただ、セックスにはオナニーにないものがある。それを体験したいのか、あるいは気持ちいいだけでいいのかということではないでしょうか。

セックスでは五感（視覚・聴覚・嗅覚・味覚・触覚）を使います。しかし、妄想しながらのオナニーなら触覚だけで事足りてしまいます。エッチな映像を見ながらだと視覚と聴覚が加わるものの、映像は生身の人間ではありません。

セックスは自分の持っている感覚をフルに使って相手を感じ取ろうとする行為です。五感にプラスして感情も入ってきます。

ある作品で、数多くの作品に出演してきた女の子3人を呼びました。男優も3人。ほとんどの現場では監督からの指示があったりして、本当に気持ちいいセックスができるわけではありません。たとえば「イクときには目を閉じて！」とか「1分間に1回イッて！」とか、要するに演技が求められる。本当に気持ちよくなりかけても「カット」の声がかかって中断されたり……。

そこで「もう君たちがやりたいように好きにしていいよ！」というのが、その作品の主旨でした。ガチのセックスをやり尽くしたあと、彼女たちが語ったのは、存分に味わったはずの快感ではなく……。

ゆきの「目を見てると、何かそこに恋というか愛というか、何かが生まれるんです。そのときにすごい幸せなんですよ」

はるか「ああ、わかる。目って大事です」

ゆきの「幸せをありがとう」

千恵「笑顔になれる、終わったあとに」

はるか「快楽だけじゃなくて」

ゆきの「そうそう、満たされる。心が満たされる」

生身の人間同士が性器だけでなく、気持ちも交わし合うのがセックスですが、それを面倒だと考える人もいるでしょう。自分の好きなときに手軽に気持ちよくなれるのだからオナニーで充分だと……。

個人主義の時代、心の領域に入り込まれるのを嫌う人が増え、恋愛とセックスが切り離されていくのは当然のなりゆきかもしれません。心をともなわない肉体関係は、相手の体を使ったオナニーだと述べてきましたが、プライバシーに介入されないセフレとのセックスも、それに該当するのではないでしょうか。

ゆきのが言った「幸せをありがとう」に象徴されるような目合（まぐわい）がもたらす悦びや、感動のあまり号泣してしまうほどのオーガズムは遠くなってしまいました。

それは時代の流れのようにも思います。たとえばインターネット上の仮想空間は、さらに広がっていくでしょう。現実世界と同等か、それ以上のリアリティを感じる人も増えてくるはずです。そういう時代になれば、生身のセックスをする人は減っていくに違いありません。残念ですが。

セックスの途中で中折れします。

ヨヨチューからの回答

中折れの原因はさまざまです。たとえば、社会で身につけた肩書きのままセックスをすれば、相手と溶け合えないので中折れします。あるいは、人からどう見られるかを気にして、素の自分を隠したままでは中折れします。こういうセックスはおしなべて〝恋愛指数〟が低いんです。

自律神経のバランスが崩れているのも、中折れの大きな要因だと思われます。体の機能をコントロールする自律神経には「交感神経」と「副交感神経」があります。「交感神経」は体を活動モードにさせ、逆に「副交感神経」はリラックスモードにさせる。アクセルとブレーキにたとえられたりもします。

勃起する際はどちらが優位かというと「副交感神経」のほうです。これから挿入するんだから、活動モードの「交感神経」じゃないのかと思う人もいそうですが、そうじゃないんですね。

「失敗したらどうしよう」とか「彼女をイカせなければならない」という緊張状態では「交感神経」が優位に立ってしまうため中折れするのです。

AV業界の言葉で〝たち待ち〟というのがあります。立って待つことではなく、中折れによって撮影が中断し、男優が勃つまで待つことを言います。

ほとんどの現場では、体位をいくつ、どういう順番でとか、監督から合図があったら時間をあけずに射精しなきゃいけないとか、制約がたくさんあります。プロといえどもプレッシャーが大きければ中折れしやすくなります。

セックスに限らず、つねに何かを考えてしまう人は「交感神経」が優位に立っていま す。布団に入ってもなかなか眠れず、導眠剤のお世話にならなきゃいけない人も少なくないはず。これは現代人特有と言えるかもしれません。

そうならないためには交感神経と副交感神経がバランスよく機能するように自律神経を整えなければなりません。

僕の記憶の中で一度も中折れしたことのない男優が平本一穂です。なぜ平本は中折れしないのか。

彼はサッカー、バイク、ビリヤード、ゴルフ……とたくさんの趣味があり、それぞれに熱中しています。アクティブに体を動かしている。のめり込むものがあって、汗を流し楽しんでいれば、自律神経のバランスも取れてくるのでしょう。

「男優は声を出すな！」というのも業界で当たり前とされてきましたが、平本は思考を落として女の子と向き合い、気持ちよければ大きな声を出しました。女の子の責めを受けたときには、自分を明け渡して失神し、相手とつながれれば涙を流す。

彼は男優という肩書きを平気で捨ててしまえる男です。だからこそ、セックスする相手との〝恋愛指数〟もおのずと高くなります。肉体と感情は密接につながっていきます。性器だけでつながるのではなく、思いでも相手とつながれば、中折れはしにくくなるに違いありません。

一晩に何回も彼女から求められ、セックスが苦痛です。

ヨヨチューからの回答

こういう女性は撮影現場にもいます。「ザ・面接」では6人の男優をキャスティングしていますが、そのほとんどを食べ尽くした人もいるくらいです。それだけやっても彼女が満たされることはありませんでした。

なぜそうなってしまうのかと言えば、快楽だけを求めているからでしょうね。でも、彼女に足りないのは本当は肉体の快楽ではなく、心の空洞を埋める何かです。結局、心の空洞を肉体の快楽では埋められないということです。

では、何だったら埋められるのか？

人にはそれぞれの背景があります。たとえば、幼い頃に親から愛情を充分に注がれなかったとか、好きな男に裏切られてもう男なんて信じられないとか……人さまざまです。

これらすべてに対応できる処方箋などないのだけれど、心の空洞を埋めるには、まず彼女の話を聞くところから始まるのではないかと思います。とはいえ、深刻であればあるほど、おいそれとは話せません。

なので、信頼関係を築く必要があります。現代のような競争社会で生きていくには、ふだん人に弱みなど見せられません。心も武装せざるを得ない。だからこそ自分のほうが先に鎧かぶとを脱いで、弱みを見せることです。自分が鎧かぶとを着けたまま、彼女に「脱いで！」は通用しないでしょう。

僕が不良をやめてカタギになったとき、それまで世話になった地方の親分とか興行師のところへ挨拶回りをしたんです。それこそ全国各地へ。あれは大阪に行ったときだったと思うんですが、あまりいいホテルがなく、とりあえず駅から近い安ホテルに投宿しました。

ずっと汽車で回ってたもんだから、肩も背中もバリバリで……。フロントに電話してマッサージを呼んでもらった。やってきたのはかなり年配の女性でした。どれほど疲れているかを話し、「お金は払うから、時間無制限で頼むよ」と。すると「わかった、わかった、とことんやったるわ」みたいなことでマッサージが始まりました。

肩とか腰を揉みほぐしてくれるんだけど、そのうち手が太腿や股間にふれてくる。きっとマッサージだけじゃお金にならないんでしょう。その手つきは慣れたもので、今のようにデリヘルなどない時代ですから、かつて女郎さんをしていた人かもしれません。当時、僕はまだ20代だったから、２まわり以上年上です。

僕の中ではかなりの抵抗がありました。「こんなババアに、いいようにあしらわれてたまるか！」って。しかし気持ちとは裏腹に、ムスコはとっくに勃起しています。

すると彼女はいきなり咥えたりシゴいたりしながら「気持ちよかったら声出したらど

うね」とか「あんた、ナンボのもんよ」とか言ってくるんです。

かと思えば、僕の太腿に陰部をこすりつけ、腰を使いながら「なぁ、一緒に気持ちようなったらええやん」とじっと見つめてきます。その眼差しと彼女の温もりに包まれて、僕はいつしか甘えていました。それからも、言葉なぶりと手コキとフェラで、とことん追い込まれ焦らされて意識が遠のきました。

失神から目が覚めたとき、彼女に抱かれたまま、僕は泣いていました。今まで身につけてきた余分なものを捨て、素の自分をさらけ出せば、射精とは比べものにならない幸せを体験できる。それをマッサージのおばちゃんから教えられたのでした。

撮影前の監督面接でこういう話も、人によってはするわけです。聞いている女性は僕のことを監督という肩書きで見ることなく「可愛いじゃん」とか言ったりします。そして聞き終えたとき「じつは私ね……」と、ここから彼女の話が始まっていくんです。人には言えなかったことを彼女が話せたなら、現場でセックスをしたとき、自分を明け渡すことのハードルも少しは低くなるかもしれません。

「オーガズムって何ですか？」という相談のところで「イク」には3つあると言いました。「体がイク」「心がイク」「すべてがイク」の3つです。「体がイク」だけでは渇きは治まらないけれど、「心がイケ」ば「もっともっと！」には決してなりません。

セックスのとき私は大声を出すみたいです。どうしたら直るでしょうか？

ヨヨチューからの回答

社会性が強い人の場合、セックスしても声は抑えがちです。そういう女性は多いんじゃないでしょうか。特に日本は住宅事情とかもありますし……。

けれどもそれを抑えていると、なかなかイケない。男優のなかには女の子が感じてくると「もっと声出せ！」「もっと叫べ！」って言う者もいます。「気持ちよかったら、今ブレーキ踏むな！」っていう意味合いです。

社会性から自由になって快感に身を任せられたとき、女性はイクし、そのときの声は大きくなる。だから相談者のように大声を出せるというのは、ある意味、幸せだと思います。

「夫ばかりか、わが子を愛している実感さえない。人を愛する経験がしたいです」と言う女性の相談に乗ったことがありました。

お子さんが甘えてきても、素直に抱きしめられないんだそうです。卒園式のとき、ママ友からは「バスタオルを持っていったほうがいいよ。それくらい泣くから」と言われた。まわりのお母さんたちはみんな泣いていたのに、彼女は一滴の涙もこぼれなかったようです。

ご主人とのセックスについて訊くと「クリではイケるけど、挿入されたら私の中では終わりです」と彼女。「あとは夫がイクのを待つだけです」と。

原因は過去にありそうだと思った僕は、彼女の承諾を得たうえで催眠誘導によってトランスに入れました。潜在意識に眠っている膨大な記憶の中から今必要な情報を取り出すのが目的です。トランスから覚めた彼女は、こんなことを言いました。

「思い出したのが、高校のとき、私『うるさい！』って言われたんですよね」

それはセックスの最中、相手からぶつけられた言葉でした。それまで自分の喘ぎ声など気にもしていなかったのに、男から面と向かって言われれば恥ずかしいし、それ以上にショックだった。同じ相手と次にしたとき、彼女はぜんぜん濡れませんでした。すると、男は自分の指を舐めて彼女のアソコをさわりながら「めんどくさい！」と言ったそうです。

人生でいちばん多感なときに投げつけられた言葉が感情にフタをさせ、心でつながろうとしてこなかった結果が、わが子にまで及んでいる。傷ついたかつての自分を癒してあげられるのは、今の自分しかいないという話を彼女にしました。

相手の男も高校生だったのかもしれませんが、そうだとしてももう少し言いようってもんがあるだろうと思います。ただし、セックスで悦びを知った頃に出る大きな声は色っぽくないのも事実です。叫んでることも多いので。

けれども〝恋愛指数〟が高くなっていけば、セックスをくり返すうちに声に色気が出てきます。ですから、大きな声に悩んでいる女性は、まずは社会性から自由になれたことを悦び、次の段階として恋愛感情に比重を移すようにしてみてください。

余談ですが、相談に来た女性が帰りがけにこんな質問をしてきました。

『うるさい！』って言われる前なんですが、別の男性とセックスしたとき、一度だけ『すごくいい！』って言われたことがあるんです。それはやっぱり相手の気持ちが入ってくれてたからですかね？」

「それ以上に、あなたの気持ちが入ってたから」と僕は答えました。

「あ、そうかぁ」と彼女の表情がパッと明るくなりました。きっと何かをつかんだのでしょう。やはり気持ちなんですね。

上司との不倫に悩んでいます。いけないこととは思いつつ別れられません。

♀

ヨヨチューからの回答

以前、若い女性から同じような相談を受けたことがありました。彼女はＯＬで、妻子ある上司と不倫をしていました。彼女の話を聞いたあと、僕はこう言いました。

どんどんおやりなさい。今は恋愛できない人が増えています。でも、あなたは恋愛できている。不倫がいけないというのは「思考」です。恋愛やセックスは「感情」と「本能」でするものです。たとえ妻子がいる人でも、好きになれば一緒にいたいと思うのは「感情」だし、肌を重ねたいと思うのは「本能」です。そもそも「本能」には善悪も正邪もありません。

ただし、あなたの恋愛によって傷つく人もいるかもしれない。秘密は墓場まで持っていくべきでしょうし、傷つく人に気づかれるような脇の甘さは決してあってはなりません。それが最低限のエチケットだとは思いますが……。

これを読んだ人のなかには「不倫を推奨してどうする！　諭して思いとどまらせるのが大人の責任じゃないのか」と思う人もいるでしょう。今回の相談者は「いけないこととは思いつつ」と言っていますが、以前のＯＬも同様に罪の意識を持っていました。やめられるくらいなら、とっくにやめている。やめられないから悩んでいるわけです。

けれども、悩んでいても解決はしません。「会いたい」と「いけないことをしている」という思いの狭間で揺れながらズルズルと続いていくのが、いちばんよくない。葛藤や自己嫌悪から抜け出せなくなりますから。

不倫に対して社会やマスコミはいろいろ言うけれど、まぁ、無責任です。なにか手を差し伸べてくれるわけじゃないので、そこはちょっと外して考えるほうがいいでしょう。

僕が言いたいのは、出会いには意味があるということです。それは「縁」です。今日本の人口が1億2500万人くらい。そのほとんどは顔も名前も知らない人たちです。一生で知り合う人は、そのなかのほんの一握り。幼稚園や保育園の同級生から数えて、仮にこれまで1万人の知り合いがいたとしても、日本の人口から見れば0・008パーセントです。

だから、単に知り合っただけでも特別な人たちと言えますが、好きになって身も心も一つになりたいと思える相手なんて、もう奇跡に近い存在です。そしてそこには出会うだけの「意味」があると思うんです。

もしも「いけないことだからやめておこう」と諦められるのなら、それはそういう縁ですし、やめておいたほうがいいと思いますが、諦められないのなら、その人と一緒にいられる時間をいかに充実させるか考えたほうが絶対にいい。

ただし、それによって起こるかもしれないリスクは覚悟しておいたほうがいいでしょう。離れたくないけれど、リスクはイヤというのは無理な相談です。けれども覚悟さえできているのなら、その先には学びや気づきが必ず待っています。

中途半端なズルズル状態では決して出ない「答え」が手に入ります。それが不倫を続けるという答えであっても、別れるという答えであっても、その人にとっていちばん正しい解答なのです。

夫婦のセックスレスはどうしたら解消できるでしょうか？

Ａ ヨヨチューからの回答

女房が電話をしているとき「よくそんなにたくさん話すことがあるなぁ」と思うことがしばしばです。男の電話は目的意識が強いんだそうです。用件重視ということですね。用件さえ伝えれば、電話は終わってしまう。一方、女の電話は用件重視ではありません。女房の電話も、会話そのものを楽しんでいるように見えます。

セックスにおいても、男は愛撫で感じさせるとか、挿入してイカせるとか、とかく目的意識が強い。女は何か目的があるわけではなく、ただイチャイチャしていたいとか、ふれ合っていたいとか……そういう時間を楽しみたいんです。

意外と知られていないのですが、男の感じる声は目的意識を持った愛撫を超えます。「男の人が喘ぎ声を出したとき、いつもよりも興奮してしまいます」。これは撮影現場でたびたび耳にする女性たちの本音です。「〇〇しなければ」という目的意識がセックスレスの一因でもあります。つまり、セックスに対するとらえ方が男と女では違う。それに気づいていないと、夫婦のセックスもだんだん擦れ違ってくるのではないでしょうか。

脳のメカニズムからも、男の性欲中枢は「摂食中枢」のそばにあり、その影響を受けやすいと言われています。摂食中枢とは、空腹や飢餓を感じるところです。それに対して女の性欲中枢は「満腹中枢」のそばにある。満腹中枢は文字どおり満腹や安心を感じるところです。

ということは、男の場合はハングリーなほうが性欲をかき立てられ、女は逆に満ち足りて安定しているときのほうがしたくなる。でも、夫婦で生活していれば、夫が空腹なら妻も空腹、夫が満腹なら妻も満腹という状態になりがちでしょう。これでは一方がしたいときに、もう一方はしたくない状態になってしまいます。あくまでも性欲中枢として見ればですが。

また、女性の場合は性欲に周期があります。排卵日の頃には女性ホルモン「エストロゲン」の分泌量が増えるので性欲が高まると言われています。排卵日とは一般的には生理が始まってから14日目頃。

しかし、撮影現場では女性の多くが「生理前にしたくなる」と言います。排卵日頃と生理前ではある意味、真逆の時期です。なぜ生理前に性欲が高まるのか？「妊娠しにくい時期だから」という安心感が性欲を後押しするとも、女性ホルモンの分泌量が減るため相対的に男性ホルモン「テストステロン」が増えて性欲が高まるとも言われています。

要は人それぞれなのだけれど、排卵日であれ生理前であれ、その人なりに性欲の高まる周期があるということです。

夫と妻、どっちもしたくないのであれば、セックスレスであっても特に問題はないはずです。問題なのは、一方がしたいのに相手はしたくないというケース。自分がしたいときにするのが本当はいちばんいいけれど、相手の立場に立ってみて、時期や状況などタイミングを計るのも、ひとつの手かなとは思います。

男と女の違いについて述べてきましたが、男女の区別なく思うところもあります。それは現代人の性欲そのものが落ちているんじゃないかという点です。「オス」や「メス」の部分ですね。

たとえば、お腹がペコペコのときには何を食べても美味しいものです。しばらくご無沙汰であれば、食欲と同様に性欲だって溜まっていて、今まで以上に気持ちいいセックスができるはずなのに、性欲自体が減退していれば悦びも大して得られません。

やってもあんまり気持ちよくなければ、しなくなるのは当然と言えます。

男優でも体を鍛えている連中はとりわけ性欲も旺盛で、1日に何発出してもケロッとしています。日ごろ体を動かさない生活が習慣化してしまうと、本能に根ざす性欲は男も女も衰えてきます。セックスレス解消のためにも、体の土台をしっかり作ることはとても大切です。

男も女も体で相手をつなぎとめておくことってできますか？

ヨヨチューからの回答

もちろんできません。逆の立場なら、あなたもイヤでしょう。つなぎとめておこうとすること自体、いろいろな問題を生み出します。相手と「別れたくない」という気持ちはわかります。でもそれは恋愛でしょうか？執着でしょうか？

おこがましいけれど、僕と女房はお互いをつなぎとめようとしなかったから、50年以上夫婦を続けてこられたように思います。もちろんケンカはします。その激しさは読者の想像をはるかに超えていると思います。人様にはとても聞かせられないような言葉の応酬。それを言っちゃあ、お終いだよ——ということをお互い何度も口にしてきました。

でも、激しいバトルが終わって冷静になると、さすがに俺も言い過ぎたかなと少しだけ反省します。とはいえ、あれだけ言い争ったあとですから、こっちから「ごめんね」とは言いづらい。

翌朝、目が覚めて自分の部屋からリビングへ向かうときには、足も重けりゃ、気も重い。キッチンに立つ女房の後ろ姿が目に入ります。僕が起きてきたのに気づいた女房がふり返って「おはよう」。いつもの言い方、いつもの表情。まるで何事もなかったかのように……。

自分の妻ながら「勝てねえなぁ」と思います。毎回そうです。たまには先手を打とうと思うのだけれど、僕にはなかなか言えません。

では、なぜ女房には言えるのか？　僕と同様に感情的になったら止まらないものの、おそらくそのあとの切り替えが早いんです。いつも「今」に生きているから……。

恋愛を続けたいのなら「今」を楽しむしかありません。今を楽しんでいる人は、10年後も20年後も、きっと「今」を楽しんでいるはずです。

セフレに情が移ってしまいました。どうしたらいいでしょうか？

♂ ♀

A ヨヨチューからの回答

セックスだけと割り切っているつもりだったのに、いつしか好きになってしまい、でも自分の気持ちを伝えたら今の関係が壊れるかもしれない、というような状況なんでしょうね。

セックスは体と心でするものだから、セフレに情が移ったとしても不思議ではありません。

「情」とは、気持ちであり、思いやりであり、異性を慕う心だと辞書には書かれています。「情に厚い」と言えば、他者に対して思いやりがあるということです。人間関係がドライになればなるほど、情は失われていくでしょう。だから色恋に限らず、情は他者との関係を潤すために必要なものですね。

けれども、違う一面もあります。「情」という字は「りっしんべんに青い」と書きます。りっしんべんは心を意味するので「心が青い」とも読める。つまり情は「心が未熟である」とも言えます。

情に溺（おぼ）れれば、視野が狭まり、自己中心的になりがちです。嫉妬も起きるでしょうし、それが高じれば自分が傷つくか相手を傷つけるか……ドロドロした世界が待っているかもしれません。

でも、みんなそこでいろいろ苦労するわけです。感情ですから、なかなか思いどおりにはいかない。苦しい体験をしても、あとになってふり返れば「あれは必要なことだった」と思えるはずです。

どうにも抜き差しならなくなったところで、何かを諦める。まぁ、諦めざるを得ないというか……。でもそれは、しがみついていたものから手が離れたからこそ、新たな世界にふれる自由を獲得できたのだとも言えます。

情に厚く、しかし情に溺れ、傷つき、苦しんだとしましょう。その体験を経て意識の成長もあるはずです。たとえば視野が広がるというのは、それまでわが身のことしか考えられなかった自分が、他者の立場も理解できるようになるということです。苦しい体験を通してしか、人は成長しないのかもしれないって、僕なんかはよく思いますよ。

女性はどういうときに離婚を考えるのでしょうか？

♂

ヨヨチューからの回答

アダルトビデオに出る女性には、離婚を経験した人や検討中の人がたくさんいます。なので、離婚に至る原因を聞く機会もたびたびありました。置かれた状況はみんな違うし、理由も人それぞれではあるものの、多くの離婚に共通しているのは、夫が妻に、妻が夫に、本当の自分を出していないということです。

「ザ・面接」に出演した主婦の舞（40歳）は、出演理由をこう語りました。「出演料を離婚後の自立資金に充て(あ)たい」。聞けば2年前から離婚を考えているそうで、夫とは2年半セックスをしていないと言います。

夫は医師。20年前、舞が准看護婦（現在は准看護師に改称）をしていたとき、同じ病院で知り合い、交際が始まって結婚したとのこと。出演時、彼女には思春期の子どもが2人いました。

事前面接で催眠誘導のCDを聴いてもらったのですが、途中で舞は号泣しはじめ、とても聴いていられる状態ではなくなりました。催眠誘導によってトランスに入ると心のフタが開きます。フタが開いて出てきたものは、いったい何だったのか……。でも、彼女がそれについて話そうとしなかったので、僕もあえて訊きませんでした。

こうして「ザ・面接」の撮影を終えてから、舞に興味が湧いた僕は別の作品でもう一度彼女を撮ろうとしていました。次はそのときのインタビューの一部です。

——ビデオに出るとき、別れる決意というか決心はついてなかったの？

「ひょっとしたら元サヤに戻れるかな、という感情もありました」

――「ザ・面接」に出て、そのあと何本かやって、それで決心は固まったの？

「そうですね。なんかこの仕事が楽しかったんですね。今まで家にいたり、ちょっと気晴らしにパートに出てみたりしたんですけど、それよりこの世界って、自分が必要とされてなければ、お仕事ないじゃないですか。だから、自分の居場所というか存在価値みたいなのをそこに見いだしちゃって。だから家庭でダンナさんが私のことを必要としてるよりも、私をもっと必要としてる所があるんだっていうのを、最近じわじわ自覚しはじめて……」

――もう夫婦生活もなかったわけだよね。あなたのほうからは求めていかなかったんだ。

「拒否されると傷つくのは自分だったんで。傷つきたくなかったんですね。まぁ、そのうちチョッカイ出されるのかなって……。もし向こうから来たら拒むつもりはなかったんですよ」

――微妙だね。この夫婦の関係性というかさ。

「そうなんですよ。いずれはなくなるもんだとは思うんですね。ただ、私、40だから……」

——四十（しじゅう）しざかり、って言うくらいだもんね。

2年半していないけれど、以前しているときでも、夫は彼女のアソコを唾で濡らし、入れて3分で終わったそうです。しかもベッドの上ではなく、ほとんどがリビングで立ちバックとか床の上とか……。

夫には他に女性がいるようです。舞も結婚後に3人と浮気しています。相手は同級生とか昔の知り合いのようですが、まだ夫婦の間にセックスがあった時期にはのめり込んでいません。「自分を危うい立場に追い込みたくなかったから」と言います。

——よく離婚の原因が性格の不一致とかって言うけど、でも、あなたの場合はダンナさんが暴力をふるうとか、酒乱だとか、稼ぎがないとか、そういうことじゃないよね。

「ほんとに愛していたら自分も協力して……もし稼ぎがなかったら私もパートに出たりとか、酒乱だったら一緒に病院に行って治療するとか、なんかそういう手立てはあるじゃないですか。暴力とかは時と場合によると思うんですけど。だけど、自分に対して興味がないっていう、そのどうしようもなさっていうか、『私は何なのですか？』っていう寂しさ。かつて愛した人が目の前にいて、一緒に生活してるのに、私を女と思ってないというか……」

それから舞は、催眠誘導のＣＤを聴いて号泣したときのことを語りはじめました。

「あそこで思い浮かべたのが、主人なんですよね。そしたら若いときの感情とか、すごく愛して、この人じゃないとダメだって思ったときの感情がいっぺんに出てきたんですよ。それで今、私は裏切ろうとしているわけじゃないですか。一瞬、後悔したんですね。私はこんなことしちゃいけないんじゃないかって。すごく好きな人は主人だから……。帰ったら主人に抱かれたいって気持ちがすごく湧いてきたんですよ。でも、やっぱりそのあとも抱かれることはなかったし、嫌いで別れるというより、私が主人にぶつかる勇気がないんですね。主人に女性の影があるっていうのもわかってるし、そんな感情のなかで、そういうのを責めることもできなければ、私だけ見てって言う自信もない。だから私は私の道を行くっていう選択肢のほうへ行っちゃったわけで……」

舞の話を聞いて気になったのは、心のフタが開いて出てきた「主人」です。「若いときの感情とか、すごく愛して、この人じゃないとダメだって思ったときの感情がいっぺんに出てきたんですよ」と言っているので、この「主人」とは現在ではなく、若いときの夫なんでしょう。

医者と准看護婦。病院というヒエラルキーの中で、その2つにはどれほどの開きがあるのか。20歳になるかならないかの准看にとって、自分の結婚相手は単なる男ではなく「先生」だった。ただ、結婚してからもその関係性が単なる男と女に戻ることは、ついぞなかったのではないか……。僕は会ったことはないけれど、夫の側にもその原因があったのではないかと思いました。

たとえば、ベッドではほとんどしないというセックス。舞は事前面接のとき「いつも犯されてるみたいで、愛されてる感じがしない」と言っていました。夫は一方的で、SM的で、自分を上に置き、相手をモノ扱いしています。そこには相手をいたわる気持ちがまったく感じられません。

医者になる人が全員そうではないけれど、彼の場合は幼い頃から親に厳しく育てられ、甘えたいときに甘えられなかったのかもしれません。医者になってからは、自分の人間性よりも医者という地位や肩書きが拠りどころになっていたのではないでしょうか。

誰かに「認められたい」と渇望するのが人間です。AVの撮影現場で舞が見つけたという「自分の居場所」。AVは女性が主役であり、撮影の合間合間に助監督はバスローブを掛けてくれるし、メイクさんは化粧直しにやってきます。作品づくりのためとはいえ、悪い気はしない。学生時代も社会に出てからも、自分1人がいなくても学校や会社がなくならないのはわかっているから、自分がいなければ成り立たない世界とは、まさに存在価値を証明してくれる場と言えるでしょう。

舞に離婚の決意を尋ねたとき、「家庭でダンナさんが私のことを必要としてるよりも、私をもっと必要としてる所があるんだっていうのを、最近じわじわ自覚しはじめて……」と答えています。その「ダンナさん」は、もともと病院の中に自分の居場所があったはずです。そして病院内での立場を、そのまま家庭に持ち込んだ。

男も女も〝本当の自分〟を出さないと、いつか別れがやってきます。あばたもえくぼではないけれど、恋愛に勘違いはつきもの。加えて、交際中は自分をよく見せたいという思いもいっそう強いはずです。けれども、虚像と結婚生活を送っていても、心はいつまでも満たされることがありません。

なかなか相手に甘えられません。

ヨヨチューからの回答

「甘え方」でネット検索すると、もう数え切れないくらい出てきます。こんなにみんな甘えたいのかと驚くほどに……。たとえば〈ボディタッチしながら「お願い！」と小さな頼みごとをする〉とか、〈あえて弱音を吐いたり相談をする〉とか、〈可愛くわがままを言う〉とか……。

甘えたいのに甘えられない人は、こういうアドバイスを参考にするのでしょう。けれども、結局テクニックを覚えるのと一緒になっちゃうんじゃないかとも思うのです。アドバイスを事前に頭に入れておいて、相手を前にしたときそれを実行してみるわけですから……。

本当に甘えているのではなく、いわば台本の役を演じているようなものです。となれば、意識は頭の中の台本へと向かうので、自分との対話になり、相手と向き合えなくなってしまうのではないかと……。

もしもアドバイスを実践してみるなら、イメージトレーニングとして1人でやる分にはいいかもしれません。それも夜寝る前とか、朝起きてすぐとか、完全には覚醒してなくて、トランスに半分入っているような状態でなら、自己暗示や脳内模倣となり、それなりの効果があるかもしれません。

けれども、甘えるために本当に必要なのは表層的なテクニックではなく、自己肯定感が育っているかどうかだと思います。自己肯定感が低ければ、相手にどう思われるのか不安になります。甘えたら「面倒がられるんじゃないか」「印象が悪くなるんじゃないか」「嫌われるんじゃないか」とネガティブな結果がチラつくでしょう。

それればかりか、甘えようとしている自分に嫌気が差してくるかもしれません。計算高い人間のように思えたり、そもそも自分に甘える資格なんてないと考えたり……。いろいろ考え出したら、もう甘えられません。相手がどう感じるのかはやってみないとわからないけれど、甘えようとしている自分をまずは肯定するしか手はありません。

昔、ケンという名前の柴犬を飼っていました。僕が庭に出ると体を擦りつけながら甘えてきます。それに応えようとケンの歓ぶことをいっぱいしてやりました。僕が面倒を見なきゃ、こいつは生きていけないんだと思って……。一方的に〝してやってる〟気になっていたんですね。

ところが、ケンが死んで気づいたんです。ケンに愛を与えていると思っていたけれど、じつは僕のほうが深い満足感を得ていたんだって。甘えるという行為は一方通行の依存ではありません。甘えられたほうも、それによって必ず何かをもらっています。

ただし、ケンは甘えようと考えて甘えていたわけではないでしょう。そこに計算はなく、嫌われたらどうしようという不安もない。僕を信じていてくれたから、甘えられたんです。それは結局、自分自身を信じていたということではないでしょうか。

オーガズムは絶対に体験すべきでしょうか？

ヨヨチューからの回答

セックスでストレスから解放されたり、幸せを感じるのであれば、必ずしもオーガズムを体験する必要はないと思います。

これまで述べたことではありますが、オーガズムを体験したいと思うとセックスが手段になってしまいます。目的意識を持ったセックスは、オーガズムを体験できないばかりか、温もりや安らぎといった大切なものまで取り逃がしてしまいます。

けれども、「オーガズムを体験すると人はどう変わるのか」についてはお話ししておいたほうがいいでしょう。

まずオーガズムを体験することによって、別人のような輝きを放つようになります。気づかないうちに表情筋に影響を与えていた偏（かたよ）った思考や否定的な感情が中和されることで、驚くほど顔の表情が変わるんです。女性たちがオーガズム直後に見せる慈愛に満ちた眼差しは、ファインダーを覗く僕の心をいつも癒やし、監督を続ける意義を与えてくれました。

内面の変化もあります。たとえば、作品の中で初めてオーガズムを体験したふみ香（19歳）に、直後の感想を求めたところ「人生変わる」と答えました。「どういうふうに変わるんだろ？」と訊くと「ずーっと狭い所にいた気がする。違う世界に出ちゃった……生み出した」。それからちょっと間を置いて「生まれた」と言ったんです。「狭い所」とはどこなのか？「誰が生み出し」、「何が生まれた」というのか？

親や学校や社会から「かくあらねばならぬ」を強いられ、それに縛られていくうちに、元の自分は人前で見せられなくなります。強いられるのは1回や2回ではないので、くり返されるうちに人には気づかれない奥へ奥へと元の自分を閉じ込めていくように思えます。やがて自分でも忘れてしまうくらい深い場所へ……。そこが「狭い所」ではないでしょうか。

なので「生み出した」のはふみ香ではあるものの、「生まれた」のは奥深くへ閉じ込められていたほうのふみ香であり、それが本来の自分なのだと僕は思うのです。

オーガズムを体験することで、過酷だった過去の出来事は貴重な財産に形を変えます。そうして、人生に迷っている人や自分を閉じ込めて苦しんでいる人を癒やし、導いていくようになります。多くの男たちを解放してきた「淫女隊」のメンバーは、ほとんどがこういう女性でした。

オーガズムを体験したからといって、つらさや苦しみが消えてなくなるわけではありませんが、少なくとも自分の人生を自らが創り出し、自分の足で歩んでいけるようになります。

男は失神するほどの悦びを体験できないのでしょうか？

♂

ヨヨチューからの回答

30年ほど前、オーガズムとは何かがわかってきた頃、女と同じように男にもそれは起きるのではないかと考えていました。前述しましたが、男のオーガズムとは射精のことではありません。射精とは比べものにならない、ときには失神してしまうほどの深い悦びであるはずです。

そう思う過程には、すでにお話しした僕自身の体験もありました。セックスではなかったけれど、20代の頃、マッサージのおばちゃんにとことん追い込まれ焦らされて失神したという……。

男のオーガズムを検証すべく実験的に撮った作品があります。「いんらんパフォーマンス」シリーズの中の「密教昇天の極意」というAVらしからぬタイトルの作品です。この中で加藤鷹は栗原早記にフェラをされながら手コキもされていて、早記の口の中で果てると同時に失神しました。「え、たったそれだけで？」と思われるでしょうか。

現象として見ればそれだけですが、この作品の冒頭で、鷹や早記をはじめ他の出演者たちも一堂に会し、「女にオーガズムが起きて、なぜ男には起きないのか？」についてディスカッションしています。

男は「女を感じさせなきゃいけない」とどこかで思い込んでいます。「女にイカされてたまるか」という男もいるでしょう。この「男はかくあらねばならぬ」という意識がオーガズムを邪魔しているのではないかと彼らは考えます。

なぜならば、女には「かくあらねばならぬ」がもともとないからです。なぜないのか？　それはセックスにおいて女が受け身だから……。

「密教昇天の極意」以降も僕の作品の中で、何人もの男優が失神を経験しています。でも、正常位でガンガン攻めてるときに失神した男優は1人もいません。全員が受け身のときです。

のちに鷹がインタビューなどでこのときの失神をふり返り、「秘訣は何もしないこと」と語っています。受け身なのだから「何もしない」は間違いではありません。でも、受け身になりさえすれば、男もオーガズムを体験できるのでしょうか?

セックスで自分からは動こうとせず、何をされても無反応な人間を、魚市場に並ぶ冷凍マグロになぞらえて〝マグロ〟と言いますが、〝マグロ〟ではオーガズムを体験することはできません。受け身は大前提だけれど、それだけでは何かが足りないということです。

第一章の「女性にモテる方法を教えてください。」という相談で、二村ヒトシのエピソードを紹介しました。カッコをつけていた彼が最初はことごとく失敗し、でもテクニシャンの熟女を相手にしたとき、あっと言う間に主導権を握られ、何が何だかわからないうちにイカされてしまったという話です。

まるで余裕がなく、無防備で、素が出てしまった二村。このとき「かくあらねばならぬ」から解放された彼の本能は、快感を貪っていました。女に跨られ、されるがままでありながら、二村は相手の目を見て「あ〜、そこがいい。そこそこ！」と悶え、腰を使っています。

騎乗位で攻められていること自体は受け身ですが、そのときの彼の反応、つまり言葉を発して悶えたり、女の下から腰を使っているのは、決して受け身ではありません。こういう反応を「受動的能動性」と僕は呼んでいます。

本書において、男が女の前でプライドを捨て、喘いだりヨガッたりすることの大切さをくり返し述べてきました。それは「受動的能動性」が今いちばん男に必要ではないかと思っているからです。

「受動的能動性」によって、男も失神するほどの悦びを体験できます。それればかりか、女性のほうもいっそう深い悦びを感じ、場合によっては一緒に失神してしまうことさえ現場では起こりました。

とはいえ「受動的能動性」においては、思考が働いていません。思考がブレーキをかけないからこそ、女性から攻められたときに快感の津波が押し寄せ、それに呑まれてしまうわけです。その気持ちよさを、ブレーキをかけないまま、外に出せばいいだけなのです。

たとえば二村が「あ〜、そこがいい。そこそこ！」と悶えたときも、頭の中で言葉を組み立ててはいないはずです。あとになって「あのとき、なんて言った？」と訊いても、たぶん正確には思い出せないでしょう。そして腰を使っていたのも無意識です。自分が主導権を奪い返すつもりなどさらさらなく、ただ気持ちいいから勝手に腰が動いてしまったということでしょう。

もうひとつ言えば、鷹がインタビューで「秘訣は何もしないこと」と語っていたのも無理からぬ話なのです。「受動的能動性」における「能動性」の部分は、無意識ゆえに本人には自覚がありません。僕は監督として客観的に見ていたから、そこに気づいたというだけで……。

セックスが好きじゃありません。セックスなしの人生って無意味ですか？

ヨヨチューからの回答

セックスが好きじゃない人はたくさんいます。嫌いとまでは言わないけれど、あまりしたくないという人まで含めれば、かなりの数に上るでしょう。セックスしない人生が無意味かと問われれば、もちろんそんなことはありません。

ただ、なんでセックスが好きじゃないのかは少しだけ気になります。たとえば前にしたときぜんぜんよくなかったとか、イヤな思いをしたからもうこりごりとか……。

あるいは、そういう実体験はないけれど、アダルトビデオやネットの映像などを見ていると、出し入れはクローズアップで見せるし、縛っておいてバイブでガンガン責めるし、もう嫌悪感しか湧いてこないと言う人もいるはずです。

実体験のあるなしにかかわらず、そういう人たちにとってセックスは愛おしさや安心や幸せや信頼とは無縁のものだということです。でも、もしも愛おしさや幸せを感じられるとしたら「してみたい」と思う人も、そのなかにはいるかもしれません。

「あなたは何のために生きていますか？」と問えば、ある人は仕事のやりがいについて熱く語るかもしれないし、ある人は夢中になっている趣味を楽しそうに話してくれるかもしれません。乳吞み児を抱えたお母さんだったら「この子のため」と言うでしょう。

生きる目的や意義は、その人の経験や境遇、能力や価値観、志向性や感受性などによってさまざまです。でもそれが千差万別だったとしても、人はみな「快」によって生かされています。

いい仕事ができたという達成感は快だし、それによってお客さんが歓んでくれたのも快です。功名心がくすぐられるのが快なら、収入が増えるのも快。時が経つのを忘れて趣味に没頭するのは快だし、趣味の仲間たちと語り合うのも快です。幼いわが子の可愛い笑顔や安らかな寝顔は快以外のなにものでもありません。

もちろんセックスで気持ちよくなるのも、そのうちの一つではあるけれど、人生において快は至るところに存在しています。だから、セックスなしの人生が無意味であるはずがありません。自分の「今」に充分な意義を感じていれば、それを超える人生などないのだと思います。

余談ですが、人生を重ねて快を求めつづけた先にあるのは、「利他の心で生きる」ということではないかと僕は思っています。つまり「利他」を超える快はないと。「なんだ、今ごろ気づいたのか」とおっしゃる方もいるでしょうし、「そんなのは所詮きれいごとでしかない。自分がいちばん可愛いに決まっているじゃないか」と思う人もいるでしょう。

「利他」とは自分を犠牲にしてでも他人のために何かをすることですから、そうしたほうが本当はいいとわかっていても、おいそれとできるものではありません。自分が満たされていなければ、自分を優先するのがふつうです。

僕のまわりの友人のなかには「利他の心で生きる」を実践している人間がいます。彼も若い頃は性の快楽を追い求めているように見えました。でも、今は社会貢献に生きがいと歓びを見いだしています。

自分だけが幸せになるより、みんなが幸せになってくれたほうが自分もうれしい。人間とは本来そう感じる生き物なのだろうと思うのです。

第五章　まだまだ尽きない性の悩み

小学生の娘と息子がいます。性についてどこまで話したらいいでしょうか？

ヨヨチューからの回答

数年前、女の子たちの初体験の年齢を集計したことがありました。ＡＶに出ようと思っている女性たちなので、世の中全般よりは総じて早いかもしれません。集計した全体数は３２９３人。中学生の到達年齢である13、14、15歳で体験した子が１０６４人（32・３パーセント）。高校生の16、17、18歳で体験した子が１６８０人（51・０パーセント）。合わせると２７４４人（83・３パーセント）。

また、オナニーは小学校に上がる前から経験していた子が少なくありません。そこに罪の意識はなく、単に気持ちよかったから股間を何かに押しつけていたというケースがほとんどです。つまり、オナニーしている自覚はなくても、体が先に快感を覚えていくわけです。人が性の入口に立つのはかくも早い。

話は変わりますが、40年ほど前、僕はミクロネシアのヤップにハマッていました。最初にヤップにつれていってくれたのは、日本ヤップ友好協会会長のSさんでした。当時彼は夏休みになると、子どもたちをつれて日本からヤップへ出かけました。小学生ばかりで、男の子と女の子合わせて十数人はいました。

ヤップ本島までは親も一緒です。着くなり親たちからは「え、こんなところ?」と溜め息まじりの声が聞こえてきました。電気こそ通っているものの、エアコンはうるさいだけで冷えないから扇風機だし、ベッドからはスプリングがはみ出している。南国のリゾートを思い描いていたならば、完全に肩透かしをくらいます。

ところが子どもたちが10日前後を過ごすのは、このヤップ本島ではありません。ここからマープ島というさらに小さい島に舟で渡ります。ただし、親は同行できないルール。しかもマープ島には電気が来ていません。Sさんや現地の人はいるけれど、子どもたちだけの自給自足の生活が始まるのです。

水道のない島で子どもたちの飲み物といえば、若いヤシの実のジュース。まず水分を確保すべくヤシの木の登り方から始まって、海への入り方、魚の獲り方を教わっていきます。主食のタロイモ掘りは重労働であり、ヤブ蚊との戦いです。もちろん料理も自分たちで作ります。

それだけではありません。島の人がニワトリを絞めたり、ブタをつぶしたりするところも、子どもたちは目にすることになる。食べるという行為は、生きていくうえでいちばん根っこにあることだけれど、そこを一から教え込まれます。そしてそれは他の尊い命をいただいたうえに成り立っていることも、Sさんは子どもたちに伝えていくのです。

サンセットは毎日異なる自然のパノラマを見せてくれるし、電気のない島の夜には凪(な)いだ海に満天の星が映る幻想的な異空間が訪れます。そうかと思えば、スコールが嵐のように子どもたちを襲う。自然は美しいばかりでなく厳しい。

10日間が過ぎると、彼らはまるで別人のように逞しくなっています。男の子も女の子も面構えが違うし、なによりその瞳には自分の意志という光が宿っています。

なぜこんなエピソードを話したかというと、食べることが生きるうえでの根っこならば、性もまた同様だと思うのですが、大人は「性はいかにあるべきか」を子どもにきちんと伝えているでしょうか？

食べることはある意味、残酷さも併せ持っています。性はと言えば、セックスしている当人たちは気持ちよくても、それを客観的に社会性の中で見たときには無様だし、なにより下品です。

だから、親はなかなか踏み込めないのでしょう。そればかりか、可愛いわが子に対して、性のことなど想像すらしたくないのかもしれません。でもそれを覆い隠せば、どんどんイケナイこととして子どもの中に位置づけられていきます。

現在、文部科学省の学習指導要領の中には「はどめ規定」というものがあり、学校教育において性交については扱わないとされています。性に関心を持ちはじめた子どもたちに学校で性を教えれば、性被害が増えると考えているのでしょうか。冒頭に記したように、人が性の入口に立つのは大人が考えるよりずっと早いというのに……。僕は小学生から性の本質を教えていくべきだと思っています。

では、いかに教えていけばいいのでしょうか。僕がその立場になることはないけれど、もし自分だったらという仮定で小学生への言葉を書いてみます。

アンデルセンが書いた「みにくいアヒルの子」という話を、みなさんは知っているでしょう。

5羽のなかで最後に生まれたアヒルは、兄弟たちと体の大きさや毛色が違うことからバカにされ、あげくの果てに母親からも見放されてしまいます。いろいろな場所をさまよい歩くけれど、どこに行っても爪(つま)はじき。冬を越して白鳥たちが戻ってきた湖にアヒルは入っていきます。みにくい自分は白鳥たちに何をされるかわからないと不安を抱きつつ……。ところが、白鳥たちはアヒルをあたたかく迎え入れます。水面に映る姿を見たとき、アヒルは自分が白鳥であったことに初めて気づくというお話です。

みなさんはお腹が減れば何か食べたいと思うし、眠くなれば寝たいと思うでしょう。誰かが殴ってくれば戦おうとするだろうし、お母さんはわが子を可愛いと思う。これらはみんな本能という名の兄弟です。本能は生まれつき人間に備わっているんですね。兄弟のなかには性欲というのもあります。

「何か食べたい」とか「眠い」と人に言うことは恥ずかしくありません。でも、性の話はだれもが恥ずかしいんです。こうして話している僕だって恥ずかしい。なぜ恥ずかしいのかは、あとでお話しします。

でもこの「恥ずかしい」が、いつしか「はしたない」「みっともない」「よくない」に変わってしまった。最後に生まれたアヒルの子の大きさや毛色は、他の兄弟と違っていたでしょう。そういう違いを「みにくい」と決めつけてしまったように……。

人間には本能の他にも、思考というのと、感情というのがあります。思考とは考えること。国語でも算数でも、勉強はこの思考を使う。感情とは「楽しい」とか「悲しい」とか、気持ちのこと。

たとえば授業中に眠くなったとします。これはさっき言った本能ですね。けれども、授業中に寝てはいけないと考える。これは思考。このように思考には本能を抑える役割があります。とはいっても、眠いのを我慢するのは大人でもけっこうつらいものです。この「つらい」というのが感情。本能と思考が綱引きを始めたとき、感情は間に立って、今の状況をどう感じるかというのが役割です。ということは、本能と思考がケンカばかりしていると、感情はどんどんつらくなっていきます。

さて、人間は食べないと死んでしまう。寝ないと生きていけない。当たり前の話なんだけど、では性についてはどうでしょう。

セックスをしないと人は死んでしまうのか。これは死なない。しかし個人ではなく、人類全体として見たらどうでしょうか。だれも子どもを産まなくなったら、やがて人類は絶滅してしまいます。いや、今は人工授精という方法もあるから、セックスしなくても子どもはできると言う人もいるでしょう。確かに人工授精だけで人類が存続していくことはできます。

けれども、ここが他の動物と違うところですが、セックスは子どもをつくるためだけのものではないんです。

みなさんも誰かを好きになったことがあるでしょう。好きな人のそばにいるとドキドキしますよね。いや、そばにいなくても、遠くから見ているだけでもドキドキする。ときには胸が苦しくなるようなこのドキドキは、でも不快なものではないでしょう。

好きな人ができたとき、みなさんはその人と一緒にいたいと思うはずです。ドキドキするけれど、離れたくない。セックスとは好きな人と一つになる行為でもあります。具体的には男性の性器を女性の性器に挿入し、快感や幸せを共有します。生き物の本能に備わったこの営みがあったからこそ、私たちはこの世に生まれてくることができました。それは自然なことなので、どうかセックスを否定しないでください。

だけど、本能だからときどき暴走もする。その手綱をしめるというか、上手く調整するのが思考の役割だと言いましたね。ただし、本能と思考がケンカしている状態はつらいとも……。だから本能の中で「みにくいアヒルの子」に見られがちな性欲をうまく白鳥に育ててあげたいんです。育てていくのは、みなさん自身です。

では、どうして性はこんなにも恥ずかしいんでしょうか？　僕は、だれとでも簡単にセックスしないためじゃないかと思っています。好きな人だとよけいに恥ずかしいけれど、「恥ずかしい」という思いを「一つになりたい」という思いが超えるときが来ます。

「みにくいアヒルの子」の中で白鳥は「みにくさ」の反対である「美しさ」の象徴だったけれど、本当に好きな人と体も心も一つになったとき、それが何ものにも代えがたいくらい「幸せで尊い行為」なのだと、きっとみなさんも気づくことでしょう。幸せで尊い行為……それがセックスにおける白鳥なんじゃないかと僕は思っています。

Q

AVはなくなったほうがいいと思うのですが。

A　ヨヨチューからの回答

セックスのやり方は親も学校も教えてはくれないし、かといって先輩のやるところを見て覚えるというわけにもいきません。かつてアダルトビデオは性の教科書になり得る可能性を秘めていました。とりわけ第三者機関としてのビデ倫（日本ビデオ倫理協会）が健全に機能していた頃には……。

映倫管理委員会の審査員として日活ロマンポルノ裁判で足かけ9年闘った八名正さん。彼を主軸としたビデ倫の審査員は「必然性のない濡れ場は認められない」と言ってはばかりませんでした。そこには社会に与える影響をつねに考え、自らも性を探求する者としての自負と覚悟がありました。

だから再審査ばかりか、再々審査まであり、そのたびに僕は審査員とバトルになったものです。それはとてもエネルギーのいることだったけれど、おかげで自分の行き過ぎに気づかされたり、性に対して襟を正すことにもなりました。

アダルトビデオ業界が急成長を遂げたために、ビニ本業界をはじめ異業種の人々が雪崩を打って参入してきました。彼らにとってはビデ倫審査員とのせめぎ合いなど、かったるい以外のなにものでもなかったでしょう。今こういうものを出せば売れる。でも審査はなかなか通らない。かといって、ビデ倫を通さずに流通させればパクられるかもしれない。

彼らは理事会社として名を連ね、自分たちの意向が通りやすい審査員を入れ、要職に警察ＯＢの天下りを迎えました。こうなると、もはやビデ倫である必要さえありません。メーカーは自分たちで新たな審査機関を作り、そこに警察ＯＢを天下りさせれば、過激な商品を世に送り出しながらパクられない保険もかけられるのですから。メーカーは審査機関に審査料を納めます。多くのメーカーが加入すれば、その審査機関にはそれだけお金が入ることになる。ビデ倫が摘発を受けたのは、天下りのポストである事務局長の席がなぜか空白の期間でした。業界のなかには、ビデ倫を潰すことによって、そこに加入していた多くのメーカーをある審査機関に誘導したかったからだという見方もありました。

刺激の強さを売り物にすれば、エスカレートせざるを得なくなります。結果、とてもセックスとは言えないような、人を人として扱っていない映像が商品として売られました。それを見た若い人たちが、セックスとはこういうものだと思い込んだとしたら、アダルトビデオの罪はあまりにも深い。

1999年、笑福亭鶴瓶師匠と香取慎吾さんがパーソナリティを務める「平成日本のよふけ」というテレビ番組に出演したとき、僕は「AVはなくなったほうがいい。AVなんか見ないで、みんな、ちゃんとセックスしろよ！」と言いました。それは今述べたような理由からです。

現在、AVに対する風当たりは強いですが、すべてのメーカーがそうであるわけではないにせよ、AV業界にも責任の一端はあると感じています。

では、AVはなくなったほうがいいと今も思っているかと言えば、そうとも言い切れません。なぜならば、AVがなくなったとしても、今はもっとエグいモロ出しの映像がネットでいくらでも見られるからです。

AVのほとんどはオナニー用の〝抜きビデオ〟です。それに抗うように、僕は40年間やってきました。10年ほど前、石岡正人監督の「YOYOCHU SEXと代々木忠の世界」がローマ国際映画祭に出品され、僕も会場に行ったのですが、「YOYOCHU」を見たヨーロッパの人々が驚いたのは、素人がポルノに出ているということでした。「そんなのありえない！」と。

向こうにポルノはあるけれど、それはプロが演技としてセックスをしているわけです。形として見せているだけですね。それにひきかえ、日本のAVは演技ではないセックスを撮れる可能性がある。素人だからこそ見えてくる真実があり、見る側にも学びがあるはず。本当に重要なのは形ではなく、見えないほうの内面なのです。性はいかにあるべきなのか。そのヒントをアダルトビデオは今後示し得るかもしれません。

ただし、そのためにはメーカーに忖度（そんたく）しない、真に第三者である審査機関が必要です。審査機関としてモザイクだけをチェックするのではなく、性の意義や可能性、ひいては人間の尊厳に向き合わなければ、ＡＶへのバッシングはいつまでたってもなくならないでしょう。

そのなかにあって光明もあります。男優の森林原人は率先して性を探求し、その気づきをさまざまなメディア（書籍、映像、ＳＮＳ、セミナー等）で発信しています。人間の性愛に真摯に取り組む彼の姿勢が多くの人々に認められ、世界に広がっていってほしいと思っています。僕にはできなかったけれど、ＡＶとはまったく違うものを森林ならば生み出せるかもしれません。

昔は下ネタでフランクなつきあいができたのに、今はすぐに「セクハラ！」です。

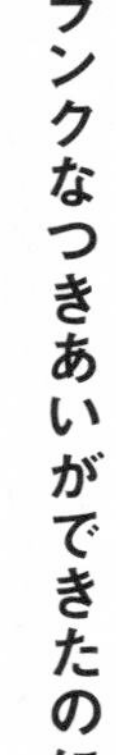

ヨヨチューからの回答

これまで性被害に遭った女性と話をする機会がたくさんありました。たとえば美菜（28歳）は小学校3年のとき、学校からの帰り道に見知らぬお兄さんから声をかけられたそうです。

「お母さんが急病で病院に運ばれちゃって、僕がつれてくるよう頼まれたから、早く車に乗って！」。美菜は嘘だと思いました。でもお兄さんの真剣な顔を見ていると、だんだん心配になってくる。本当だったらどうしよう。もしお母さんが死んじゃったら……。ネクタイをしたお兄さんはいかにも真面目そうで、悪い人には見えません。

美菜が車に乗った途端、お兄さんはチャックを下ろし、オチンチンを出してきました。ドアをあけて逃げようとすると、手をつかまれてしまいます。そしてもう一方の手で彼はオチンチンをシゴきはじめました。その光景は美菜にとってショックでした。きっとこのままどこかにつれていかれて殺されるんだと思いました。

「ちょっとさわって！」。そう言われても怖くて体が動きません。つかまれていた手が力ずくで股間へと持っていかれる途中、彼が射精します。つかんでいた手の力が抜けた瞬間、美菜は車から飛び降り、ふり返りもせずひたすら走りました。

家に着くと、お母さんが夕飯の仕度をしています。元気なお母さんを見て、美菜はホッとしました。こうして生きて帰れたことが、なんだか不思議でもあります。意を決してすべてを打ち明けようと、台所に立つお母さんに話しかけました。

「きょう学校から帰る途中、知らないお兄ちゃんに声をかけられた。『お母さんが急病』とか変なこと言ってた」。その言葉にお母さんがふり返ります。「そんなの絶対ついてっちゃダメよッ！」。美菜はお母さんから怒られた気がしました。だから「車に乗った」だなんてもう言えません。自分は悪い子なんだと思いました。

性的被害に遭ったのが特に子どもの場合は、美菜のように自分を責めてしまうことが多いんです。だから、なおさら言えなくなります。大人の場合も、会社の上司や仕事関係者からのセクハラは、その後の人間関係や仕事への支障を考えて泣き寝入りせざるを得ない、そういう女性はたくさんいるはずです。

でも今は、泣き寝入りしない社会にだんだん変わってきています。むろん誰かに打ち明けるのには相当な勇気がいることでしょう。ただ、その一歩を踏み出すことで、忌まわしい過去から立ち直るきっかけがつかめるのです。

さて、問題はここからです。たとえば、昭和の頃の飲み会では下ネタで場が盛り上がることもあったでしょう。でも、なかにはイヤな気分を味わった人もいたはず。そんな人にとって、下ネタがセクハラとなり、言えなくなるのは大歓迎だと思います。イヤな人がいる以上、そこは慎(つつし)むべきだと僕も思いますが、気になるのはある種の息苦しさです。

年々「社会」は拡大しているけれど、「世間」はどんどん失われていると思えて仕方がありません。「社会と世間って同じことだろ?」と思う人もいるでしょうが、概念的には異なります。

たとえば「世間様に顔向けができない」「渡る世間に鬼はない」とは言うけれど、「社会様に顔向けができない」「渡る社会に鬼はない」とは言いません。一方、「あの人は社会性がない」「企業には社会的責任がある」とは言っても、「世間性がない」「世間的責任がある」とは言わない。

「世間」においては人とのつきあいが大事であり、「社会」ではルールや規律が重要です。「世間」には合理性で割り切れないところがあるけれど、「社会」は合理的にできています。

だから「世間」の場合は互酬性（ごしゅうせい）、つまり人から何かをもらったり、厚意を受けたりすれば、お礼やお返しが生じます。でもそれは多分に気持ちの問題であり、これをしてもらったら必ずこれで返さなければならないといった明確な基準があるわけではありません。

一方、「社会」のほうはもっと厳格です。気持ちが伝わればいいといった曖昧さはなく、売買における価格のように、あるいは労働内容と賃金が決められているように、いわば契約の関係です。

先ほど、年々「社会」は拡大しているけれど、「世間」はどんどん失われていると述べました。たとえば、痛ましい子どもへの虐待は、地域のコミュニティーが健在だった頃には、今ほど起こらなかったはずです。もしも隣で怒鳴る声や物が壊れる音がすれば放ってはおけず、「おいおい、そこまで言っちゃあ、この子も立つ瀬がないよ」と介入し、同時に親の愚痴を親身になって聞いてやることで、ガス抜きだってできていたでしょう。

夫婦ゲンカをすれば、それを諫めたり諭したりしてくれる人が出てきて、結果、離婚を思いとどまったというケースはたくさんあったはずです。つまりこれが「世間」

だと思うのです。

ときには排他性も秘めているけれど、集団主義的な「世間」に対して、「社会」は平等という前提の上に成り立ち、個人主義的です。個人の権利が保障されなければならず、それが脅（おびや）かされようものなら人は黙ってはいません。セクハラのみならず、パワハラ、モラハラなど、いろいろなハラスメントが訴えられるのも、そこが「社会」だからです。

でも、個人主義が行き過ぎれば、生きづらい社会になってしまいそうです。家のまわりに高い壁を築けばプライバシーは守られるものの、壁が堅牢であればあるほど他者との風通しは悪くなります。そこで壁に風穴をあけてみても、風穴から見えるのは他人の家の壁だったりしそうです。

「世間」と「社会」、どっちがいいという話ではありません。どっちも必要です。しかし「世間」がなくなっていけば、人とのつきあいに欠かすことのできない「対人的感性」が育ちません。すると恋愛が起きにくい。セックスでのオーガズムもまず起きないでしょう。地域のコミュニティーといった、物理的な距離のみならず心が身近な人たちと互いに認め合い、支え合う関係のなかで、歓びや悲しみを共有できることが、生きている幸せではないかと僕は思うのですが……。

気がつくとイヤラしい妄想をしています。私は病気でしょうか？

ヨヨチューからの回答

もちろん病気なんかじゃないと思いますよ。妄想は人間だけができること。他の動物は妄想しませんから。それだけに思考優先の人は妄想で快を得る傾向がありますね。ずいぶん前になりますが、僕が撮影現場で出会った2人の女性についてお話しします。

ルナ（年齢不詳）は赤坂でクラブ、西川口で性感ヘルスをそれぞれ経営している女性でした。「お小遣いのためのセックスが多い」と言う彼女。「恋愛がらみのセックスはないんだ？」と訊くと「ぜんぜんない」とはにかみます。エロアニメが大好きだぞうで、「(生身の）人間はあまり好きじゃないの？」と訊けば「じゃなくて、その前がレディコミの段階を踏んできたの」と。

当時は女性向けのエロマンガ雑誌であるレディコミが流行っていました。ルナは持ってきた1冊を開いて見せてくれました。鼻がペニスの形をした天狗のお面が描かれています。「天狗のお面が飛んできて、女の子のアソコにくっついちゃうんですよ」とルナ。ちょっと意味がわかんないんですが……という世界です。返答に困った僕が「それで欲情するわけ？　見ながらオナっちゃうとか？」と水を向けたら「はいっ！」と即答でした。

でも、そんな彼女が現場でセックスしても、イクことはありませんでした。相手をした佐川銀次は「肉体の快楽だけですよ、求めているのは。だから明け渡してくれないんですよ。やっぱり頭でしてるんですよね」。ルナは銀次とではなく、天狗のお面とでもしていたのでしょうか。

僕は彼女に「向き合わないいんだもの。それはセックスじゃないんだよね。オナニーみたいなもんだよ。本当のセックスが怖いんだ?」。彼女は「恥ずかしい」と言ったあと、「怖いのかな、自分でもまだわからない」。「疼いてる?」と訊くと、彼女はアナルに欲しいと……。

吉村卓とのアナルセックスでは、激しく反応してイキました。でも、そのあと卓がつながろうとして前をいじると「オシッコ出ちゃう、なんか変なの出ちゃうー。こんなのイヤッ!」と抵抗します。妄想の世界のほうにリアリティを感じているルナ。妄想だから、本当の自分をさらけ出す必要はありません。唯一、素の自分が出そうになったのは、前をいじられて潮を吹きそうになった、このときだけでしょう。でも激しく抵抗して、最後まで自分を明け渡すことはありませんでした。

目合のように人肌の温もりを感じるセックスを、ルナは本能的かつ動物的で、レベルが低いと考えているようです。それにひきかえ、妄想を駆使したセックスは、虚構を構築するだけの思考を要し、知的レベルが高いのだと……。

もう1人も年齢不詳ですが、一見して仕事ができそうなゆみという女性です。上背があり、知的で上品にふるまう彼女は、ある企業の管理職でした。

「結婚する気はまったくないの？」との問いかけに「ないです。恋人は欲しいんですけど、四六時中ずっと一緒というのは、私はできないんです」。「拘束されるのがイヤ？」と確認したら「ダメなんです」。

出演動機については「もしこういう世界で教えてもらえるなら、その、挿入で……」。「セックスではまだイッたことないんだ？」と尋ねると「はい」と遠慮がちに答えます。

予備知識を与えずに、淫らな気分になる催眠誘導のテープを聴かせました。初め仰向けで聴かせたのに、感じてくると自ら横向きになり、お尻を突き出して、喘ぎながら腰を使いはじめます。

テープを聴き終わったゆみは、カメラのレンズ越しに見つめてきました。「目が潤んでるよ。下のほう、汁たれてるでしょう？」と言うと、大きくうなずきます。僕は

「このイヤラしい目、隠しちゃおう」と言って目隠しをしました。

「なんでそんなに股開いてんの？」「したくなったから」「どんなこと想像してんの？」。こんなやりとりのあと、予期しなかった言葉が返ってきました。

「お母さんがいて、娘と2人で暮らしていて、お父さんはいなくて、お母さんはセックスをしたい欲求があるんだけど、そういうことを言えないから病気だって嘘ついて、お医者さんに自宅に来てもらうんです……お腹が痛いって言うんだけど、本当は下半身をさわってほしいの」

目隠しをされ、しゃべりながら興奮しているゆみ。「あんた、それをじっと見てんの？」と誘導するように問いかけると、「はい。自分は小っちゃいけど、そういうことが子ども心にも刺激があって、自分もしてもらいたいって……」。「腰動いてるじゃないの、そんなこと言いながら」と言うと「はあ～」と声に出しながら腰を使っています。「してもらいたいの？　先生に」「はい」。

「先生、そうなんだって」と市原克也と平本一穂にバトンを渡しました。「この先生ね、お腹が専門なの。でもすごくイヤラしい先生なの」と僕が言うと、ゆみは悶え、腰をくねらせながら股を開いて、「先生、診てください。お腹が痛いんです」。即席の医者2人は、ゆみの体をいじりまわします。

四つん這いになったゆみは「お尻は仕事中、トイレに行ったときにしたくなることが……。調べて〜」といきなりストーリーを変え、アナルを要求してきました。市原が「指がスッポリ」と言いながらアナルに指を突っ込み、平本は「こっちも」と膣に指を……。ゆみは「どっちもいいの！　どっちも調べて〜」。平本がアナルで1発、正常位で1発。続けて市原も挑むものの、結局ゆみはイキませんでした。

先に紹介したルナと同様に、ゆみも妄想の世界でセックスをしています。「恋人が欲しい」とは言うものの、拘束されるのが「ダメ」ということは、互いに心も求め合うような重い関係はイヤなんでしょう。恋人と言いながら、求めているのはセフレなわけです。

本項の冒頭に述べたように、妄想は人間だけができることです。妄想ならばだれとでも、どんなことでも可能です。そして妄想だけにとどまるのならば、だれに迷惑をかけるわけでもありません。ただ一つだけ言えるのは、妄想からオーガズムは起きないということです。

本来セックスは生殖のためのものですが、なぜ人間は違う目的でもするのでしょう？

A ヨヨチューからの回答

確かに動物がセックスするのは生殖のためですね。それも発情期にしかしません。気候だったりエサの捕獲だったり、1年のうちで子育ての環境が整う季節に産むためには、セックスの時期も限定されるということでしょう。

ところが、人間は二足歩行によって両手が自由になりました。自由になった手で道具を使い、火を利用しはじめた。火によって冬でも暖が取れたり、動物から身を守れるようになった。農耕や牧畜を始めたことで、食糧の見通しも立つように……。だから「この季節に産まないと」という縛りから自由になったのだと思います。

明確な発情期がなく、いつでもできるけれど、目的は子づくりじゃないセックス。なぜそれをするのかと言われれば、気持ちがいいからですよね。人は快によって生かされています。

では、人間のセックスは快楽を得る手段に過ぎないのかというと、それは違う。セックスは淫らではあるけれど、根源的な行為ゆえ、そこから人間の真理を学ぼうとする人々が現われました。

古くは紀元前から中国にあった「房中術（ぼうちゅうじゅつ）」です。房中術とは、セックスを通して心身を癒し、長生きするための理論と方法を説いたもの。古代における性科学の集大成とでも言うべき、なかなかの充実度です。具体的には、媚薬（びやく）や精力剤の調合法から、セックスの実技指導に至るまで、性にまつわるさまざまな項目が網羅されています。

古代中国においては、宇宙のあらゆる現象は陰と陽の結びつきによって成り立っており、陰陽の調和こそが大切だと考えられていました。男女においては男を陽、女を陰としていますが、セックスでは陰と陽の精気を循環させよと「房中術」は説いています。

4世紀から5世紀にかけてインドで成立した『カーマ・スートラ』は性典であり、性愛論です。たとえば「性交」というパートでは「快感とは何か」の説明のあと、抱擁、接吻、歯咬み、性交などのハウツーが記されています。そうかと思えば別のパートには「どういう男がモテるのか」とか「人妻の口説き方」とか、恋愛指南もあります。

インドと言えば、カジュラホにある寺院群（世界遺産）には、壁面を覆うように数多くのミトゥナ像が彫られています。ミトゥナとは男女交合の像。シヴァ神と妻パールヴァティーが交合している姿が原形となり、あとはもうバラエティに富んで、3Pもあれば動物としているものもあります。ヒンドゥー教のシャクティ（性の力）信仰を背景に、男女が一つになって初めて完全なものになるという思想を表わしています。

9世紀初頭、最澄と空海が中国からもたらした『理趣経（りしゅきょう）』という経典の一節には

「性交によってもたらされる恍惚は、清浄なる菩薩の境地である」「快楽を求める激しい欲望も、清浄なる菩薩の境地である」などと書かれています。他の多くの宗教と同様に、仏教も禁欲のはず。なのに、なぜ「セックスの恍惚」や「激しい性欲」が菩薩の境地なのでしょうか？

聖なるものと俗なるもの、それは一対の関係であり、聖のない俗がないのと同様に、俗のない聖もない。これは究極のオーガズムを体験したとき、女性たちが語った「一元性」の世界観に通じると思えます。ちなみにインド中期密教に源を発するこの『理趣経』は、現在でも真言密教において朝夕読誦されているそうです。

中期密教から後期密教、いわゆる「タントラ」の時代に入ると、悟りを開く修行法として実際にセックスを行なう「性的ヨーガ」が実践されるようになりました。これによって女性の解脱（悟り）も可能になったと言われています。

もしも生殖のためだけのセックスだったら、今述べてきたような性への探求はきっと起こらなかったはずです。しかし実際には生殖から解放されて、セックスによっても世界を悟ることができると気づいた人たちがいました。

それは宗教という形式を取っていることが圧倒的に多いけれど、べつに宗教の信者にならずとも、あなたは大好きな人と2人で「宇宙の真理」を会得し、いまだかつて経験したことのない「至福の世界」へ行くことも決して不可能ではないのです。

あとがき

本文を書き終えた今、正直申し上げるとこの本を出していいものだろうかと考えています。これまで自分が学んだことの集大成のつもりで原稿に向き合ってきました。にもかかわらず、ここに来て一抹(いちまつ)の迷いが生じるのは次のような理由からです。

恋愛や性の悩みを解決するうえで、もっと言えば、人生の困難を乗り切るために、最も大切なことは「自立」ではないかと思うのです。僕たちは気づいていないけれど、自立できていません。

たとえば、数々の電化製品は家事の煩雑さを解消したり、軽減したりしました。掃除機しかり、洗濯機しかり。ボタン1つでご飯が炊ける、風呂が沸く世の中です。しかし、電気が止まれば手も足も出なくなります。トイレを流すことさえままならないのですから。

遊びにしてもそうです。僕が子どもの頃は自分たちで遊びを作り出していました。もちろん遊び道具も。それがだんだんメカになり電子化されて、今やゲーム機が子どもたちの時間を占有しています。ゲームソフトは、ゲームをしなければいられない中毒状態を作るのがじつに巧(うま)い。

このように快適さや便利さ、面白さという衣(ころも)をまとって多くのモノが生活に入り込み、それなしではもう生きていけない状態にまでなっています。

車を運転していると、歩行者がいきなり目の前を横切ることがあります。横切る人は、歩行者優先なんだから車が止まるのが当たり前だと思っていることでしょう。昔だったら道路を渡るとき、自分の身は自分で守るという意識が働き、車に轢(ひ)かれないよう歩行者も注意したものです。

弱者にやさしい社会は賛成ですが、法律で保護される状態が当たり前になってしまうと、自分の命に関わることでさえ、どこか他人任せです。

この数十年で僕たちは自分以外のものに頼ることに慣れ、「自立」からは程遠いところへ来てしまったように思えてなりません。

この本に話を戻せば、恋愛や性の悩みはご本人にとって切実です。なかなか人に訊けないことも多いし、それで本書を手に取ってくれたのだと思います。でも「それはこういうことではないですか」「だったらこうしたらどうでしょう」と僕が書いたことは、読んでくれた人の「自立」を妨げてはいないだろうかと気になるのです。

僕は学力も知識もなかったので、これまでの人生において失敗をくり返してきました。けれども、その責任は自分で取ってきたつもりです。人に依存せず、自分でやったことが失敗したのなら、そこには必ず「学び」という収穫が残ります。1回の成功よりも、失敗によって得た「学び」のほうが、その後の人生の糧（かて）になることがたびたびあります。

どうか失敗を恐れないでください。そしてどんな苦境にあろうとも、あなたはあなたの応援団でいてください。

代々木忠

著者略歴

代々木忠

よよぎただし

一九三八年、福岡県生まれ。
若き華道家として将来を嘱望されるが、
親友に請われて極道となり、三代目を継ぐ。
カタギに戻ってからは、ピンク映画を経てビデオの世界へ。
ＡＶ監督としての作品は約六〇〇タイトル。
心の奥まで写し撮るドキュメンタリーの手法で性と向き合ってきた。
洞察力は鋭くも、その眼差しはどこまでもやさしい。
二〇二一年、監督引退。愛称はヨヨチュー。
著書に『プラトニック・アニマル』（幻冬舎アウトロー文庫）、
『生きる哲学としてのセックス』（幻冬舎新書）などがある。

幻冬舎新書 684

人生を変えるセックス

愛と性の相談室

二〇二三年一月二十日　第一刷発行

著者　代々木忠

発行人　見城徹

編集人　小木田順子

編集者　片野貴司

発行所　株式会社　幻冬舎

〒一五一―〇〇五一　東京都渋谷区千駄ヶ谷四―九―七

電話　〇三―五四一一―六二一一（編集）

〇三―五四一一―六二二二（営業）

公式HP https://www.gentosha.co.jp/

ブックデザイン　鈴木成一デザイン室

印刷・製本所　株式会社　光邦

Printed in Japan　ISBN978-4-344-98686-2 C0295

よ-6-2

＊この本に関するご意見・ご感想は、左記アンケートフォームからお寄せください。

https://www.gentosha.co.jp/e/

幻冬舎新書

代々木忠
生きる哲学としてのセックス

AV界の生ける伝説〝ヨヨチュー〟のラスト・メッセージ。なぜ君のセックスは気持ちが良くないのか？　なぜ満たされないのか？　半世紀超の現場経験から生きる力としてのセックスを語る。

中村淳彦
AV女優消滅
セックス労働から逃げ出す女たち

「こんなはずじゃなかった、私の人生……」——。悪質なスカウト、不当な契約、出演強要ｅｔｃ．……。「セックスを売る仕事」AV女優の残酷な労働現場、崩壊寸前のAV業界。衝撃のルポルタージュ。

下川耿史
エロティック日本史
古代から昭和まで、ふしだらな35話

国が生まれたのは神様の性交の結果で、奈良時代の女帝は秘具を詰まらせて崩御、日露戦争では官製エロ写真が配られた。——エッチでどこかユーモラス、性の逸話から読み解くニッポンの通史。

加藤鷹
エリートセックス

日本のセックスレベルは低下する一方。そこでカリスマAV男優である著者が、女性６０００人との経験から導いた快感理論を展開。〝自分で考えるセックス〟ができない現代人へのメッセージ。

幻冬舎新書

アダム徳永
出世する男はなぜセックスが上手いのか？

仕事で成功する鉄則は、女を悦ばせる秘訣でもあった！　〝スローセックス〟を啓蒙する著者が、仕事とセックスに通底する勝者の法則を解説。具体的ノウハウを満載し、性技の道を極める一冊。

植島啓司
官能教育
私たちは愛とセックスをいかに教えられてきたか

日本人はなぜこれほど不倫に厳しくなったのか？　時代によって愛の価値観はいかに変化してきたのか？　世界の結婚制度、不倫の歴史を概観しながら男女の豊かな関係を探る画期的な書。

斉藤章佳
セックス依存症

セックス依存症は性欲だけの問題ではない。脳の機能不全に加え、支配欲や承認欲求、過去の性被害、「男らしさの呪い」などが深く関わっているのだ。依存症の専門家がその実態と背景に迫る。

松原始
カラス屋、カラスを食べる
動物行動学者の愛と大ぼうけん

カラスのお肉は生ゴミ味？　カラスは新聞を読む？　滅多に見られないカラスの姿とは？　野生動物を相手に、踏んだり蹴ったりコケたり泣いたり笑ったり。クレイジーなカラス博士の日常を覗けば、愛らしい動物たちの素顔が見える。